Божественное Творение

Гали Люси

Божественное Творение

Гали Люси

Дизайн обложки: Далит Рахамим - студия Альмог

Изображение на обложке: туманность Ориона

Фото: Copyright © Robert Gendler

www.robgendlerastropics.com

Версия Первая: Февраль 2015 г.

Версия Вторая 2021 г.

Все Права принадлежат писателю © www.Gali4u.com

Перевод на Русский язык: Таня Зельдин

ISBN: 978-1-960466-00-6

Сообщение от Создателя / 1

"Человек о человеке позаботятся, и будут они как единое целое
И собрал я вас со всех концов Земли
Из праха Я поднял ваши души,
Чтобы увести вас от обреченности и отчаяния,
Из древних знаний - к исправлению Мира.

Невинность и чистота очистят ваши жаждущие души.
Чтобы подготовить вас к будущему, открыть вам
секреты и объединить ваши души в единое целое.

В конце концов, я вымыл ваши лица в
штормующем море, вибрациями и сигналами
Книга эта несет в себе сообщения из поколения в поколение,
содержащее мои слова,
Нет во мне злобы, ярости или наказания, я освещен любовью".

Это сообщение получено в сеансе ясновидения с Создателями,

Первое издание - 2015 г.

И просил я Бога: «Дай мне все - чтобы радоваться жизни».

И ответил мне Бог: «Я дал тебе жизнь - чтобы наслаждаться

всем» / народная мудрость

Сообщение от Создателя / 2

«Дорогие мои,

Когда вы ищете помощи и направления в своей жизни

Чтобы понять, как продолжить свой жизненный путь, пожалуйста, прислушайтесь к своей душе,

Идите к мудрому и скромному человеку,

Кто не ходит во славе

И не находится в молитвенных домах и в роскошных хоромах.

Дорогие мои, вы найдете такого человека из уст в уста,

Впитайте знания и выберите скромность и тишину.

Слова мудрости небес произносятся тихо, с юмором и улыбкой.

Без угроз и запугивания,

«Не силой, но Духом, Я Господь»

Это сообщение получено в сеансе ясновидения с Создателями,

Первое издание - 2015 г.

Оглавление

Спасибо что вы читаете эту книгу.

Совпадений не бывает! Эта книга была продиктована мне в сеансах ясновидения и напечатана напрямую на компьютере, повествование книги идет в мужском роде, но адресовано как для мужчин, так и для женщин.

Не верьте этой книге, а исследуйте и создавайте свою собственную истину.

Содержание книги простым и понятным языком дает иной ответ на вопрос «Кто мы?» и какова наша роль на Земле, а также ответ и на другие вопросы, такие как:

- Кто такие Творцы (Боги), Создатели и создания, как была создана жизнь на Земле, как был создан человек?

- Для чего было создано все вокруг и какова цель человечества на земле и формы жизни во Вселенной? Что такое предназначение, судьба и душа? Каковы правила вселенной?

В книге приведено несколько основных идей:

- 2 взаимосвязанных правила:

  1 - Свобода выбора, 2 - Все возвращается к отправителю.

- **Изобилие тормозит, недостаток мотивирует**

- **Бог = один. Боги = множество.**

Создатель всегда стремится предоставить вам свободу выбора, и с этой целью он предоставляет на выбор как минимум два варианта, поэтому Бог никогда не может быть один, есть множество Богов. На иврите говорят: «ЭлоИм АдирИм», что в переводе означает «Великие Боги» - всегда во множественном числе.

- **Никогда не было и не будет единой правды. Потому что это противоречит праву свободного выбора.** Одна правда лишила бы вас возможности думать по-другому. Сформируйте свое собственное мнение,

так как эта книга - другое мнение, не следуйте слепо за другими, вы рождены, чтобы изобретать и творить.

- **Творец дал вам возможность лгать, предоставляя вам свободу выбора.** Одна лишь правда упраздняет человеческую свободу изобретать и творить. Если бы вы не умели лгать, то ваша жизнь была бы скучной, не было бы ни фильмов, ни пьес, ни книг. Ложь жизненно важна и хороша тем, что создает бесконечную чудесную динамику.

- **Все вы являетесь гостями на Земле лишь на мгновение. Ничего нет и не было вашим навсегда, за исключением свободы выбора.** И даже ваша душа не принадлежит вам, она лишь временно предоставляется вам в каждом воплощении для исправления ошибок.

- **Невозможно умереть, смерти нет.** Вы состоите из души, которую невозможно уничтожить, все души - вечны, их цель создавать и свидетельствовать о своей природе и, следовательно - о природе Творца (Богов).

Обо мне

Я Водолей, не религиозна по причине свободы выбора. Религия связана с материей, поэтому она не духовна.

Я родилась в 70-х, из-за материального недостатка я научилась проектировать, рисовать и создавать свои собственные куклы и игры.

Позже я обнаружила, насколько эта нужда в детском возрасте была необходима мне чтобы позже проявить свой скрытый талант, который помог мне позже в учебе и на работе, где я все приводила в порядок, организовывала и занималась дизайном. Так пришло понимание: *«Изобилие тормозит, недостаток мотивирует»* и все происходит во благо человека.

Талант ясновидения открылся мне в 6 лет. Как только я задавала вопросы, то я сразу же получала ответы и объяснения через внутренний голос, который говорил и говорит со мной с тех пор и по сей день.

Оглядываясь назад, я думала, что такова жизнь всех детей: разговаривать с умершими и сущностями или слышать внутренний голос в голове, со временем это мнение исчезло, когда я обнаружила, что я исключение.

В духовном мире я всегда чувствовала себя защищенной, и никто не мог остановить или подорвать мою веру. Мне не нужно окружать себя множеством людей, потому что мой внутренний мир богат. Я не одна, но в сопровождении существ, пришельцев и проводников.

Ясновидящий = общается с Творцом с использованием вспомогательных средств, таких как: карты, карты, числа, маятник, кофе, камни, масло и т. д.

Медиум = общается с Творцом мысленно, близко или на расстоянии и без вспомогательных средств, но используя все десять чувств, большинство из 12 витков ДНК, ощущая и общаясь с существующим вокруг.

Медиум не осознает, кто он такой, пока ему не скажут это из отзывов других, о том, что данное им предсказание - действительно сбылось на практике. Медиум не является приобретенной или изученной профессией. У всех людей есть встроенная коммуникативная способность, заключающаяся в интуиции, которая включает в себя десять чувств:

Пять земных чувств: слух, зрение, вкус, обоняние, осязание.

И еще пять сверхъестественных чувств: сенсорный слух, сенсорное зрение, сенсорный вкус, сенсорный обоняние и сенсорное осязание.

Сегодня человечество находится на пороге эпохи Водолея, духовной эпохи корректировки, поэтому частоты меняются к лучшему, люди смогут повторно активировать десять чувств и увеличить количество витков ДНК с 2 до 12 витков с использованием интуиции / ясновидения и вплоть до телепатического общения. Способность к общению есть интуиция и она может развиваться в соответствии со знаниями, которые человек приносит с собой из предыдущих воплощений жизни, судьбой, кармой, духовным развитием, уровнем эго, страхом, уверенностью, спокойствием и просветлением человека.

Мистические события в моей жизни

Возраст 12

Конец летнего школьного дня. По дороге из школы домой ко мне подошел мужчина и попросил провести его до рынка так как он не знает дорогу. Я протянула ему руку, и мы двинулись в путь. В мгновение ока я поняла, что это была роковая ошибка, которая могла стоить мне жизни. Как только я попросила помощи у Творца, вдруг сзади к нам подбежала моя одноклассница и одним движением она разъединила наши руки. Мужчина поспешно сбежал, а я поняла, что была спасена от смерти.

Возраст 20

После полученного сообщения я решила уйти с работы, на которой проработала много лет. Я рассказала руководителю отдела о своем решении уволиться, и о том, что ожидалось в компании, а также об его увольнении после моего ухода и закрытия отдела. Он не поверил, но вскоре после того, как я уволилась, все, что я видела, сбылось!

Посланник

Во время обеда в ресторане я заметила старика в изношенной одежде, он прижался к витрине и наблюдал за посетителями. Я подошла к нему и вложила ему в руку купюру. Но старик вернул мне ее и сказал, что его интересуют не деньги, а еда, он отказался войти. Тогда я купила для него обед, вышла и передала ему пакет. Мужчина поцеловал мою ладонь и взял еду, а когда я на мгновение обернулась, он исчез! Я чувствовала, что он был посланником, отправленным Творцом, чтобы проверить меня.

Встреча с инопланетянами

Проснувшись ночью, лежа в постели, почувствовала, что все мое тело парализовано, я не могла двигаться, кроме как моргать глазами. Я увидела двух пришельцев, ростом выше человеческого, с головой перевернутой грушевидной формы, их большие кошачьи глаза были без век и ресниц, с маленьким ртом и носом.

Я не испугалась и начала телепатически общаться с ними, не говоря ни слова.

Первое что я сказала: «*Почему так долго вы добирались до меня? Я ждала вас с самого детства*».

И они ответили: «*Мы все время были здесь. Но ты была не готова!*»

Чудесным образом мое тело поднялось и зависло в воздухе, одним движением их взгляда я перевернулась лицом к полу. Через оконный проем комнаты я попала прямиком в круглый космический корабль с маленькими освещенными окнами.

Я до сих пор помню строение деталей, составляющих пол космического корабля. Меня поместили на кушетку из нержавеющей стали и излечили на космическом корабле, а затем моя память была стерта.

Утром я проснулась в своей кровати и почувствовала себя очень уставшей. С той самой ночи я получила дар ставить диагноз вблизи или на расстоянии с помощью «рентгеновского зрения».

Внетелесный опыт

Я проснулась, почувствовав, что мое тело парализовано, и имея возможность лишь моргать. На стене передо мной была фотопленка с тремя изображениями. Своими глазами я видела, как моя душа превращается в белого голубя, вылетает из груди и влетает в первую картину.

Этот процесс повторялся трижды. В каждом изображении я видела себя в разные периоды времени: облик, язык и личность отличались. К моменту, когда я смогла вдохнуть, фотопленка сомкнулась и вместо нее возник луч света, преобразовавшийся в спираль, которая начала медленно вращаться передо мной, а внутри спирали летали маленькие ангелочки в виде пухлых обнаженных младенцев с крылышками (без гениталий). В фоновом режиме играла небесная музыка арфы и флейты. Через короткий промежуток времени это потрясающее зрелище рассеялось и исчезло.

30 лет: поездка в Лондон

Во время плаванья на пароме по Темзе я на мгновение закрыла глаза и вдруг увидела видение из прошлого: весь город пылал огнем. Позже я узнала о «Великом пожаре», вспыхнувшем в Лондоне дважды, в 1666 и в 1212 годах.

В день моего рождения мы зашли в 5-этажный магазин игрушек, расположенный на улице Оксфорд. Мы разговорились с одним из продавцов-израильтян, и моя подруга сообщила ему, что я медиум и могу ответить на любой его вопрос. Продавец настоял на том, чтобы получить предсказание, а получив его удивился насколько оно было точно, он попросил меня подняться на последний этаж универмага, чтобы пообщаться с сотрудниками. Примерно через час я уже делала предсказания израильским и местным работникам магазина, которые были потрясены точностью сообщений и поставленных мною медицинских диагнозов. Когда мы вышли из магазина, я попросила подругу остановиться и посмотреть наверх, и там мы увидели знак - пролетающий самолет, который оставил за собой белый шлейф в голубом небе.

Женщина в черном

Я делала сеанс предсказания пожилой женщине с хмурым взглядом, которая жаловалась, что еще не испытала любви. Я «выстроила» вокруг себя стены защиты и вдруг заметила, что внутри находится сатанинская мужская сущность. я обратилась к этой сущности: "Зачем ты пришел? Ты знаешь, что не можешь причинить мне вреда, у меня есть защита и просветление".

Из уст женщины посыпались ругань и проклятия. Тогда я встала со стула, открыла входную дверь и попросила ее уйти, без оплаты. Когда она ушла, я решила очистить это место. Примерно через час, вдруг я почувствовала запах гари, подняла голову, и увидела, как из моей головы вырвалось пламя. К счастью - голова и волосы не пострадали от огня, так как я призвала защиту. В своем воображении я сложила ладони в форме «шара света» и послала ей эту энергию обратно. В ответ пришло сообщение: "Все, что отправлено - будет возвращено отправителю... Мы пришли изгнать тьму, в наших руках свет и огонь".

Так я поняла, что каждый человек на самом деле имеет магические силы. Как только вы вообразили - вы создали.

Возраст 40: Встреча с Повелителем тьмы

Как-то, читая духовную книгу, у меня возникли сомнения и чувство злости, что содержание книги происходит из темного источника, и я решила написать свое мнение о прочитанном в моей книге. Перед сном я положила книгу на комод рядом с кроватью и крепко уснула, лежа на боку. Внезапно мое тело парализовало и вдруг я почувствовала, что кто-то встал коленями на матрац за моей спиной, оставив на нем вмятину. Надо мной поднялась черная фигура с головой быка с огромными золотыми рогами. Это был дьявол..... Он силой придавил мне правую руку, боль усиливалась, мое сердце выпрыгивало из груди, и тут он прошептал: «Не пиши в своей книге то, что ты задумала, не дискредитируй мое имя.

У меня тоже есть свое почетное место во Вселенной, чтобы предоставить людям право выбора. Никогда не публикуй название книги, которую читаешь и не порочь меня. Иначе я снова навещу тебя. ... давай-ка проверим, сколько власти есть у тебя надо мной» - усмехнулся властитель тьмы и еще сильнее сжал мою правую руку.

Из моего живота вырвался "шар света", через грудь он переместился в мою правую руку, которая смогла подняться в воздухе и прогнать правителя тьмы. Тот исчез в мгновение ока, а в голове я снова услышала пение: «Мы пришли прогнать тьму, в наших руках свет и огонь..».

Я решила рассказать вам об этой встрече с Правителем тьмы, чтобы продемонстрировать что Дьявол существует и его роль необходима во вселенной:

1) нет большего зла, чем Эго 2) все относительно и существует парами: мужчина и женщина, день и ночь, тьма и свет, дьявол и ангел, Ад и Рай, ложь и правда. И это необходимо для того, чтобы предоставить свободный выбор для всех форм жизни в бесконечной вселенной 3) вся Вселенная существует во тьме, а отдельные источники света позволяют человечеству открыть то, что уже существует во тьме.

Смерть моей матери

Примерно за полгода до кончины моей матери мне приснился сон, в котором я предвидела ее смерть, ожидаемую в какой-то выходной день, в пять часов. Я решила ничего не рассказывать, чтоб не пугать ее. Я верила в то, что все, что должно было произойти - произойдет. В пятницу в 17:00 вечера (та цифра пять во сне) ушла из жизни моя мама.

В 16:00 по дороге в больницу, образ моей матери в моих мыслях сказал мне: «Я пришла попрощаться с тобой и решила уйти сейчас, в пятницу вечером, когда дороги пусты, потому что я знаю, как ты не любишь пробки." Я умоляла ее дождаться меня, но она ответила, что должна уйти на закате, и попросила меня передать сообщения для родных и друзей, которые находились в ее больничной палате. Приехав в больницу, я побежала к ней в палату, но присутствующие там люди проинформировали, что она умерла пока я была в дороге.

Моя мать лежала на больничной кровати, отключенная от медицинского оборудования, в своем воображении я увидела ее стоящей рядом с кроватью, без боли, улыбающейся, здоровой и счастливой, она была со своими умершими родственниками, которые пришли, чтобы сопровождать ее по дороге к световому туннелю.

Я была рада за нее, поцеловала и попрощалась с ее телом, а затем рассказала присутствующим в комнате, что случилось со мной по дороге в больницу, передала им личные послания души моей матери. Родственники и друзья были ошеломлены точностью переданных мною сообщений. Когда ее тело увезли, я в слезах помахала ей рукой, в последний раз прощаясь с ее физическим телом и зная, что всегда смогу поговорить с ее душой.

Общие понятия

Самое дорогое, что вы получили от Бога - свободу выбора!

Самое дорогое, что вы получили от родителей - жизнь!

Жизнь и свобода выбора священны. Материальное никогда не будет священным, поэтому и религии не священны. Вы не можете умереть, вы дух, воплощенный во временном физическом теле, чтобы свидетельствовать о природе души и о природе Бога/Творца. Во время сеанса гипноза я обнаружила, что пришла из будущего, для того чтобы дать надежду и поддержать людей, открыть человечеству то, что его ждет в будущем, и тем самым - развеять людской страх.

Меня спрашивают: какой у меня способ общения с высшими силами и как можно достичь такого высокого уровня предсказаний без вспомогательных средств, карт, нумерологии и т.д.

Мой ответ: Метода нет, быть медиумом я не училась, и не существует людей со сверхъестественными способностями, а есть люди бесстрашные, с богатыми знаниями из прошлых воплощений. На протяжении тысячелетий люди были запуганы и растеряли большую часть своей естественной способности общаться, используя Десять чувств и 12 витков ДНК.

Как медиум, посредством телепатического общения с существами-Творцами я не слышу голоса в их физическом измерении, а получаю мысли, видения, образы, сообщения, детали, числа, буквы, имена и ощущаю частоты.

С наступлением эры Водолея, которая придет все исправить, люди вспомнят об этой своей природной способности, которая вернется к практикующим и смелым людям, эта способность будет совершенствоваться в каждом человеке в соответствии с его призванием, исправлением ошибок, кармой и знаниями, которые он накопил в своих предыдущих воплощениях, а также в текущем воплощении.

Я служу проводником для передачи информации из духовного мира - в мир материи, в то время как формула проста:

Страх возникает из-за недостатка знаний.

Знания - это сила, прогоняющая страх.

Если знаешь - не будешь бояться.

Предисловие

Прежде всего - несколько основных идей:

- **Не принимайте ничего на веру и не верьте этой книге**. Продолжайте исследовать и задавать вопрос «почему?» чтобы бесконечно создавать, ибо никогда не было и не будет лишь одной истины, так как это необходимо для свободы выбора. Любознательность и исследования - двигатель преемственности человечества во Вселенной.

- **Никогда не было и не будет одной правды**. Потому что это противоречит праву свободного выбора. Если правда была бы одна - это бы лишило вас возможности иного выбора, поэтому не верьте этой книге, а примите ее как дополнительное мнение для обогащения имеющихся знаний, ведь важно, чтобы вы сформировали свое собственное мнение.

Не гонитесь за другими. «Не создавай себе раввина или гуру, будь сам себе господином»

- **Творец никогда не будет мешать человеческому выбору**, но всегда будет давать человеку возможность исправиться во время своих воплощений. В эпоху Водолея все человеческие дела возвращаются к ним при жизни.

- **Бог = один. Боги/Творцы = множество.**
  Творец стремится предоставить вам свободу выбора, и поэтому вам всегда будет предоставлен выбор, по крайней мере - один из двух, поэтому Бог никогда не может быть одним, но может быть множеством. На иврите говорят: «Всемогущие Боги», а не «Всемогущий Бог». Слово «**Творец**» означает, что вселенная воспроизводит себя вечно.

- **Все мы гости на Земле лишь на мгновение.**
  Ничто и никогда не будет вашим, кроме свободы вашего выбора. Даже ваша душа не принадлежит вам, а лишь заимствована у Творца с целью исправления ошибок в настоящем воплощении.

- **У вас нет и никогда не будет права собственности ни на что во вселенной**, кроме свободы вашего выбора. Вы никогда не будете владеть природными ресурсами: землей, водой, воздухом, полями, садами, животными и природными ресурсами. Все, что рождает земля, вода и небо, принадлежит всем обитателям земли, а не отдельным лицам, захватившим собственность. Невозможно купить участок на планете Земля или на Луне, либо купить водоемы.

Вся природа - общественная и принадлежит всем живущим. Так как общественное пространство принадлежит обществу, реклама и агитация продажи этих территорий будет запрещена.

- **Изначально вы сферы света, получившие от Творца души лишь на время,** эта душа временно вдыхает жизнь в материальное тело, чтобы засвидетельствовать вашу природу и природу Творца. Как души, вы меняете личность в каждом воплощении с целью исправления ошибок. Чем больше воплощений переживает душа, тем она опытнее, древнее и усиливается прозрениями к просветлению в материальном теле.

- **Жизнь - это игра в монополию,** которую каждый начинает с отправной точки (рождения) с рюкзаком за плечами (путешествие души) по своей линии судьбы (дорожной карте), <u>которую выбрала его душа</u>, прежде чем войти в материальное тело. Во время этой игры жизни: человек претерпевает изменения и завершает свой жизненный путь (умирает), возвращаясь к исходной точке. Затем его душа покидает физическое тело и возвращается к источнику в виде сферы света, претерпевает реинкарнацию души и выбирает новое тело с новой дорожной картой (линиями судьбы), на планете Земля или в другой части Вселенной.

- **Невозможно умереть, вы состоите из вечной Души.**
Вы бесконечные сферы света, временно вдыхающие
жизнь в материальное тело. При рождении выбранная
вами душа заселяет тело, она входит в тело в момент
первого вздоха. Душа не может быть уничтожена, ваше
предназначение - творить и свидетельствовать о своей
человеческой природе и, следовательно, о природе
Творца/Бога.

- **Все живое вокруг вас дышит, имеет свои резонанс и
частоту, резонирует и колеблется** и на планете Земля,
и в бесконечной Вселенной. Все взаимосвязано и
взаимозависимо. Смещение одной звезды влияет на
остальные звезды. Разрушение планеты в одной части
влияет на остальные, потому что все взаимосвязано.

- **Все живет вечно, в любом состоянии накопления!**
Любое дерево, растение или фрукт, которые были
сорваны, снова вырастут.
Сожженный лес, или загрязненное море - будут
восстановлены.
Каждое физическое тело умершего человека или
животного разлагается и возвращается назад в природу,
а душа возвращается к Творцу, где она, если пожелает,
сделает свой выбор и вдохнет жизнь в новое тело. Все в
космосе циклично и происходит бесконечно. Ничто
нельзя разрушить или скрыть, можно лишь изменить
состояние накопления. Например, из жидкого - в
газообразное или твердое состояние или наоборот.

Все, что вы отрежете, сорвете или загрязните, обновится само собой. Если мы возьмем кусок дерева/ткани/стекла/пластика/песка/металла/масла или газа и рассмотрим его под микроскопом, мы обнаружим, что атомы вещества движутся.

- **Душа повторяет себя иногда в тысячах воплощений,** до исправления всех ошибок, искупления и просветления в физическом теле.

  Именно степень просветления души позволяет ей подняться из материального мира по иерархии духовного мира. Каждая душа может двигаться наверх или вернуться назад и исправить ошибки.

Поэтому каждый человек может выбрать в своем следующем воплощении быть камнем, растением, животным или человеком, чтобы исправить ошибки:

Мир материи

Душа как дух выбирает воплощение во временной материи - в иерархии материи:
Пепел, камень.

Растение.

Животное.

Человек или другая (инопланетная) форма жизни за пределами планеты Земля.

Человеческое творение, совершенствующееся на других планетах.

И так до просветления в живом теле.

Духовный мир

Душа завершает свое воплощение в материальном мире, и в зависимости от уровня просветления, вы можете вознестись как:

Сущность.

Ангел.

Воссоединиться с Источником: Творцами/Богами.

- **Люди не смогут уничтожить планету,** а лишь временно истребить на ней жизнь. Планета существует миллиарды лет и для своего существования ей не нужны кислород, вода, почва или природные ресурсы, в них нуждаются люди и природа.

- **Все во вселенной циклично и длится вечно.** Невозможно ничего разрушить или спрятать, а лишь изменить состояние его накопления: из воздуха/ветра/газа - в жидкость или твердое вещество и наоборот. Все, что разрушено или загрязнено, обновится само собой.

- **Вы ничего не изобретаете, потому что все уже существует, вы только открываете существующее.** Вы - дух/душа, вдыхающая жизнь в материальное тело, вы пришли понять «кто вы есть, через то, чем вы не являетесь», например: вы щедры - потому что вы не скупы. Вы терпеливы, потому что вы не раздражительны. Вы невинны и добросердечны, потому что вы не лукавите и не хитрите. Каждая написанная книга, каждый изобретенный патент - не новы, потому что все передается вам через сообщения, интуицию и глубокое (научное) мышление.

- **Вы не принесли на планету Земля ничего нового,** все знания и идеи уже существуют и посланы вам Творцом, который выбирает определенных людей, чтобы возглавить определенную идею, изобрести патент, открыть лекарство, передать замысел, знания и сообщения на благо и для улучшения качества жизни людей.

- **Воспоминания, озарения и знания, которые вы накопите за свою жизнь, - это то, что вы унесете с собой в ваши следующие воплощения, а никак не собственность и не богатство.** В момент смерти Творец не спросит тебя: «Сколько детей вы родили или денег заработали в течение жизни», а спросит: «Испытывали ли вы любовь? Какие знания и мудрость вы приобрели и чему научились? Чем вы содействовали человечеству и чем духовно обогатили свою судьбу и Душу? Как вы помогли другим своей мудростью и добрыми делами?»

- **Земля не в опасности, а человечество - да.** Человеческий род, живущий на Земле - временный, он меняется каждый период и находится под угрозой самоуничтожения. Он нуждается в кислороде, воде и пище для выживания. Планета Земля не нуждается в этих ресурсах для своего выживания.

- **Ничто не может быть истреблено или убито на Земле и во Вселенной.** Всякая субстанция бесконечна, никогда не исчезает, но изменит свое состояние. Все вокруг - природа: она дышит, расширяется и сжимается, без нее нет жизни. Вы не сможете остановить, изменить, искоренить или управлять циклами природы. Земля дает понять человечеству, что за миллиарды лет своего существования она не может быть уничтожена, возможно лишь разрушить выживание на ней. У людей очень эгоистичное мышление. Человек считает, что ему все позволено, потому что это «мое». Такое мышление ведет к коррупции, уничтожению природных ресурсов и увеличению количества убитых животных.

- **Строго запрещается убивать китов и дельфинов**

  Эти древние животные играют космическую роль в сохранении «тайны Творца», поэтому Творцы решили поместить их в глубины морей, подальше от людей. Любой вред, нанесенный этим животным, подрывает нормальную энергетическую, магнитную и экологическую систему Земли, этот вред создаст природные катаклизмы и вызовет многочисленные стихийные бедствия, особенно в странах, где охотятся и убивают их.

- **«Величие Старца»**

  Смысл состоит не только в том, чтобы почитать старых людей, но и в том, чтобы уважать все древнее, природу, животных и растения, которые существовали еще до сотворения человека.

  Все человеческие действия возвращаются к нему (Правило 2): если люди уничтожают природные ресурсы, им не помогут приобретенная ими собственность, высокий социальный статус или богатства, которые они накопили, и, таким образом, это вызовет трудности выживания будущих поколений и самоуничтожение.

- **В каждом живом существе вокруг есть душа**
  Вы - неотъемлемая часть окружающей вас природы: земля, море, растения, животные, люди - у всего этого есть душа. Количество душ во вселенной ограничено. Для того, чтобы душа смогла вдохнуть жизнь в живое тело при рождении, другая душа должна покинуть другое тело.

- **Вся Вселенная существует во тьме**.
  Свет - временный и предназначен для обнаружения того, что уже есть и существует во тьме.

- **Духовный наставник**
  У каждого живого существа есть один или несколько духовных наставников на земле, у каждого духа/души, населяющей живое тело, есть «небесный» наставник в целях обучения.

Душа движется в своем путешествии по оси света в соответствии с иерархией духовного мира: сначала как пепел - животное -растение - человек - внеземная форма жизни во вселенной (инопланетная) - просветление в живом теле - сущность света - и до стадии пока эта сущность не соединится как свет с Творцом.

Духовные наставники сменяются каждый период/год. Обычно при смене духовного наставника человек будет находиться в состоянии подавленности/одиночества/депрессии. Духовный наставник не обязательно является умершим родственником или знакомым человека, которого он сопровождает, но это может быть личность, связанная с общими воплощениями прошлого, историческим или религиозным деятелем, или же - между ними может не существовать никакого предварительного знакомства.

Духовный наставник воздерживается от проявления своего присутствия, так как это может напрасно напугать человека. Но если сам человек желает, он может попросить о встрече со своим наставником во сне, с помощью медитации или посредством своего воображения и фантазии.

- **Карма, призвание и исправление ошибок**
  Карма = урок, который еще не выучен и не окончен. Это энергия, производимая человеком и возвращаемая ему в круговом цикле в целях изучения, исправления ошибок и завершения урока, происходящая из настоящего воплощения или воплощений прошлого.

Правило 2 - Все возвращается: каждое действие (= говорить, думать, делать) производит - реакцию/энергию, возвращающуюся в действие.

Каждая душа на земле (человек, животное, растение, пепел/земля) сделала выбор чтобы вдохнуть жизнь в материальное тело на ограниченное время, чтобы пройти урок и исправить ошибки.

Не случайно все расписано заранее. Каждый человек, которого вы встретили, обидели, влюбились или с которым разделили свою жизнь, обычно знаком вам из прошлых воплощений, и вы переживаете кармическую встречу с ним, что означает, что ваша душа выбрала встречу с ним в текущем воплощении с целью замкнуть круг и очистить карму, и именно это положит конец вашим будущим встречам с этим человеком.

- **Ваше право - выбирать за себя и за беспомощных**
В случае беспомощных, которые не могут сделать осознанный разумный выбора для себя, таких как: животные, дети, больные, физически или умственно отсталые, вы обязаны предложить им несколько вариантов на выбор, как если бы вы выбирали для себя, и посоветовать им наилучшее решение.

  «И возлюби ближнего своего, как самого себя» = Уважай других и заботься о них так же, как о самом себе.

- **Противоположности были созданы для равновесия и предоставления выбора**
Женщина и мужчина, день и ночь, свет и тьма, дьявол и ангел, Ад и Рай, ложь и истина, дух и материя, небо и земля. Все всегда делается во благо человека. Нет понятия плохого или хорошего, потому что все относительно.

- **Существует десять чувств, а не пять.**
Большинство людей активируют только пять чувств: 1. Зрение 2. Слух 3. Обоняние 4. Вкус 5. Осязание.
Прибавьте ко всему вышеперечисленному сверхчувствительное/сверхъестественное чувство, и вы получите:

1. сверхчувствительное зрение 2. сверхчувствительный слух 3. сверхчувствительное обоняние 4. сверхчувствительный вкус 5. сверхчувствительное осязание.

Все десять чувств активизируются через основное чувство интуиции, которое естественным образом существует в каждом человеке для выживания. Большинство людей активируют только пять чувств (которые не являются сверхчувствами), поэтому они получают только часть информации и частичное озарение.

- **Соревнования. Любые соревнования недопустимы!** так как они разделяют и разъединяют «проигравших» от «победителей», предпочитая одного другому, прославляя преимущество одного над другим. Призы для отдельных участников не способствуют прогрессу всего человечества!

Только коллективные действия повлияют на все человечество и будут способствовать его прогрессу и продвижению, поэтому вы должны мыслить, как единое целое, а не как отдельные личности.

- **Спортивные соревнования** - кто устанавливает правила и баллы, которые заставляют всех участников подгонять себя под заданные ими критерии для того, чтобы обойти результаты других участников вместо того, чтобы совершать личные творческие прорывы.

Нет такого вида спорта, который способствует прогрессу человечества, спорт лишь разделяет победителей и проигравших, разжигает конфликты между болельщиками, прославляет эго и обогащает единичных людей.

- **Интеллектуальные игры** - шахматы, судоку, правописание, викторины. Правильно ли выяснять, у кого из участников интеллектуальные способности и память лучше? Как это продвигает человечество? Или это прославляет эго и обогащает спонсора и участника?

- **Музыкальные конкурсы** - кто определил, что приятно слушать, а что нет? Какой судья имеет право решать, какая песня и мелодия лучшая для других людей? Ведь все это - личный вкус, то, что нравится одному, для другого может быть невыносимо.

- **Кулинарные конкурсы** - кто определил, что вкусно, а что нет? Ведь вкус и запах бесспорны. Какому «судье» дано право считать свой личный вкус эталоном, на который все должны равняться? Как это продвигает человечество? Или это прославляет эго и обогащает телевизионный канал и участников?

- **Конкурсы дизайна интерьеров, моды, красоты и внешнего вида** - кто определил, что красиво, качественно оформлено, а что нет? Все зависит от личного вкуса каждого человека. Голос, внешность и дизайнерский талант присутствуют у каждого в разных проявлениях.

- **Нобелевские премии также недействительны**, так как лауреаты этой премии выбираются на основе личного мнения команды «судей», которую выбирает не общественность, а небольшая группа людей, и их личное мнение не является общественным.

- **Общее для всех соревнований: сегрегация/разделение между победителем и проигравшим** с целью прославления и укрепления эго, рекламы и обогащение - это «Золотой телец». Человечеству необходимо сосредоточиться на реальных делах, созидании и совершенствовании существующего - это и есть Божественное Творение. И конечно же - не возводить в идолы и преклоняться перед физическими, умственными, кулинарными, вокальными, внешними или речевыми способностями.

- **Употребление в пищу животных**
  Человек был создан в результате скрещивания женщины-инопланетянки с мужчиной-гориллой, источником пищи гориллы являются растения, листья, коренья, фрукты и насекомые. Это естественная пища, адаптированная для человека. Поедание животных началось в периоды засухи с целью выживания, тогда древний человек начал есть животных, чтобы выжить, в результате чего у него развились клыки. Употребление в пищу животных вредно для здоровья, со временем вызывает болезни и сокращает продолжительность жизни.

- **С ростом численности населения в мире аномально увеличились**: убийства животных, уничтожение и загрязнение природных водоемов и подземных вод, природных земель и акваторий, вырубка лесов и посевов, и другое.

Почему животные должны расплачиваться своей жизнью и обеспечивать своим мясом постоянно растущее население мира? Люди искусственно оплодотворяют животных, чтобы значительно увеличить их численность. Выращивание крупного рогатого скота, птицы, свиней на огромных фермах, которые используют огромное количество воды и загрязняют землю и окружающую среду, как правило, в неадекватных бытовых условиях, строительство прудов и морских нерестилищ для разведения рыбы, все вышеперечисленное делается для обеспечения огромного количества пищи, необходимой чтобы прокормить растущее с неконтролируемой скоростью население планеты, но прежде всего - для финансовой выгоды.

Как горилла не потребляет молоко других животных, так и человеческий организм не приспособлен к потреблению молока других животных, кроме грудного молока матери.
Потребление молока других животных вызывает остеопороз, болезни и аллергии.

- **У всех животных есть душа**
  Поэтому запрещается загонять кур в тесные курятники и содержать их там при постоянном дневном свете с целью ускорения яйцекладки.
  Нельзя отбирать новорожденных телят у коров с целью получения молочной телятины.

  Нельзя откармливать гусей, а птенцов выбрасывать на помойку.
  Запрещено содержать животных в зоопарках. Их естественное место - в заповедниках!

- **Люди нашли способ обогащаться за счет общественного здоровья**, путем производства продуктов с низким содержанием клетчатки, отсутствием витаминов и необходимых питательных веществ, продуктов, обогащенных сахаром, мукой, кукурузой и дешевыми промышленными питательными добавками. Эта опасная игра привела к глобальному ухудшению здоровья, ожирению, диабету и различным заболеваниям. **Здоровая еда не попадает на стол в консервных банках!**

  Гормоны вызывают нарушение работы различных систем организма и приводят к заболеваниям
  Роль щитовидной железы - производить и выделять гормоны в кровоток, помогать правильному функционированию сердца, мышц, поддерживать уровень кальция, использовать энергию, ускорять метаболизм и поддерживать нормальную температуру тела.

Женщины, употребляющие гормоны в виде таблеток, внутриматочных спиралей, препаратов для лечения бесплодия, а также люди, употребляющие продукты, насыщенные гормонами, серьезно нарушают работу щитовидной железы, вплоть до гипотиреоза.

В результате этого, начиная с 1960-х годов стали заметны последствия, так как существует прямая связь между потреблением гормональных препаратов, пищи, перенасыщенной гормонами и признаками гипотиреоза:

- Увеличение массы тела, замедление обмена веществ.

- Усталость, слабость, проблемы с фертильностью, вздутие живота.

- Перепады настроения, депрессия, потеря полового влечения.

- Сухость кожи, перхоть, отеки на лице.

- Хрупкие ногти, выпадение волос, запоры, анемия, учащенное сердцебиение.

- Мышечные судороги и боли, фибромиалгия (боль в мышцах/связках/ сухожилиях), боли в суставах.

- Чувствительность к холоду, низкий уровень кальция, проблемы со сном, проблемы с памятью.

- Рак в гормональных зонах: молочная железа, матка, шейка матки, лимфатические узлы.

Многие женщины, страдающие от вышеперечисленных проблем, ошибочно диагностируются врачами как страдающие психическими расстройствами или другими заболеваниями и вынуждены принимать ненужные лекарства.

Многие мужчины страдают от снижения качества спермы в результате стресса, использования вакцин и лекарств, не адаптированных к их личной ДНК, а также из-за употребления наркотиков, курения, потребления продуктов быстрого питания, пищи, содержащей гормоны, из-за пестицидов в продуктах питания и седативных средств.

Значение слова «Творец» = это не рождение потомства, а совершенствование науки, технологий и всего остального, чтобы привести в движение бесконечный двигатель Творца. Есть космический план, в котором Творец создает существ, которые создают существ, которые в свою очередь снова создают существ и так до бесконечности.

Глава 1
Правила вселенной

Правило 1 - Свобода выбора

Вы являетесь частью природы. Все, что вокруг вас, оно живет, дышит, и у него есть душа: растения, животные, воздух, земля, вода и люди.

Все вокруг получило душу от Творца лишь на время, в целях духовного совершенствования в нынешнем материальном теле, а также для того, чтобы осуществить свой свободный выбор и своим существованием подтвердить природу духа/Творца.

Если человек не допускает свободы выбора за другими, то он порождает карму, которая вернётся к нему, причинив боль, в его нынешнем или последующих воплощениях, поскольку «все возвращается» (в соответствии с Правилом 2).

Правило 2 - Все возвращается

Все вокруг построено по принципу круговой энергии (*закона бумеранга*). Все, что посылается - возвращается отправителю.

Каждый человек рождается со свободой выбора (Правило 1), с жизненной картой, а также с главной и второстепенными линиями судьбы, избранными его душой (при отсутствии Эго), душой, еще не вошедшей в тело при рождении, в то время как каждое действие человека производит круговую энергию, возвращающуюся обратно к нему (Правило 2). **Вы являетесь творцами своей жизни.**

Я подумал, я сказал, я произвел действие = таким образом я создал энергию, которая воздействует на окружающую среду и на меня самого. Каждый раз, когда вы думаете, говорите или действуете, именно так вы производите энергию/вибрацию с двусторонней реакцией, которая возвращается к вам в цикле бесконечности. Ваш свободный выбор - для вашего здоровья и блага!

Вся вселенная работает как игра в пинг-понг, каждое действие производит круговую энергию, и все это отсылается обратно отправителю.

Все посылаемое всегда возвращается обратно. Не стоит посылать колдовство/приворот и проклятия другим, так как они возвращаются бумерангом в виде болезней, усталости, ударов, потерь и т. д. И это не важно, другой ли человек по вашей просьбе (за оплату или безвозмездно) проклял или приворожил третье лицо: если запрос пришел от вас, то все проклятия вернутся и к исполнителю, и к заказчику (т. е. к вам).

Созидательный Круг

Два правила вселенной: свобода выбора + цикличность/все возвращается, они соединены в бесконечный круг, порождающий реальность жизни.

Творец никогда не будет вмешиваться в личный выбор или определять судьбы. Все определяется вами. Вы режиссеры и сценаристы своей жизни, ваша душа сама избрала каждый этап своей жизни с целью исследования, обучения и исправления ошибок.

Каждое ваше действие совершается по праву свободного выбора (Правило 1) в вашем мышлении, разговоре или действии. Эти действия производят энергию, которая возвращается к вам (Правило 2) и создает динамичное течение вашей жизни.

Правило 1  Правило 2

Свободный Выбор Все Возвращается

Разочарованные люди чувствуют себя «жертвами» и живут в постоянной жалости к себе из-за собственного эгоизма, упрямства, приспособленчества и лени, не осознавая, что все, что происходит в их жизни, является основной линией их судьбы, которую они выбрали, и кармой, которую они должны завершить с последствиями своих деяний. Свобода выбора дает им возможность выбирать из нескольких второстепенных судеб.

Иногда эти разочарованные люди вместо того, чтобы изменить ситуацию, предпочитают проигнорировать и «сбежать». Они предпочитают жить своим прошлым, а не настоящим, которое они меняют каждый день. Они становятся зависимыми от окружения, склонны к иждивению, сближению с религией/сектами и саморазрушению, иногда втягивая других в свое собственное уничтожение.

Такие люди должны понимать, что их ситуация не изменится, пока они не воспользуются помощью других для того, чтобы помочь себе. Бог помогает тем, кто начинает помогать себе сам.

Когда человек говорит:

«У меня нет работы, **у меня нет** отношений, **у меня нет** удачи...» - он посылает во вселенную резонанс, который возвращается в его жизнь как свершившийся факт.

«У меня нет» порождает «У меня нет».

Вместо того, чтобы говорить «у меня нет», следует сказать:

«Скоро у меня будет работа, карьера, отношения, дети, здоровье и многое другое».

Слова из ваших уст, мысли и действия создают реалии вашей жизни!

Линии Судьбы

Существуют главная и второстепенные линии судьбы. Все линии движутся вместе, пересекаясь друг с другом на жизненных станциях, определенных Душой.

Основная линия судьбы всегда постоянна и никогда не меняется (все известно).

Второстепенные линии судьбы изменяются и заменяются в зависимости от выбора человека.

Второстепенные линии судьбы - это «врата»/возможности/даты, когда человек может достичь цели, делая выбор и действуя от своего имени.

Ничего не произойдет, если человек не будет действовать. **Каждая ошибка призвана обогатить человека знаниями.**

Все известно и полномочия даны

Все известно

Прежде чем войти в человеческое тело, душа выбирает для себя основную линию судьбы, поэтому - все известно и фиксируется, в основной линии судьбы душа выбирает: свое географическое положение, где именно она родится на Земле или во Вселенной, когда она войдет и выйдет из тела (рождение и смерть), половую принадлежность, семью, свое призвание, жизненный урок и исправление ошибок.

Полномочия даны

Единственное, что принадлежит человеку, это его свобода выбора, и Творец не будет мешать, а позволит человеку выбирать. Даже душа не принадлежит человеку, а дана ему взаймы для завершения пути и исправления ошибок. Второстепенные линии судьбы – это личный выбор, который человек предоставляет себе, и эти возможности в жизни он может изменить, отложить, приблизить или отвергнуть.

Все предначертано небесами

Прежде чем ваша душа вошла в человеческое тело (при отсутствии Эго) вы выбрали свой жизненный путь и линии своей судьбы, включая предназначение и исправление ошибок, которые вы пришли завершить. Человек выбирает момент своего рождения, течение своей жизни и день своей смерти.

Ни один человек не расплачивается ценой своей жизни. Каждый человек перед смертью, прежде чем вернуть свою душу, вопрошается Творцом, согласен ли он, как Душа, расстаться с физическим телом, в котором он находится и вернуться как Дух «домой». Если он согласен, то душа покидает тело (наступает смерть).

Известны случаи, когда человеческая душа предпочла покинуть обитаемое тело, пережила «смерть», но, достигнув «небес», раскаялась, просила вернуться, и вернулась назад в свое физическое тело. Эти симптомы известны как коматозное состояние или клиническая смерть. Это еще одно доказательство того, что только сам человек выбирает, когда умереть.

Все происходит по выбору и во имя высшего блага человека, например: вы можете выбрать родиться инвалидом, пройти через травмы, болезни или боли, от которых вы будете страдать физически/психически, **так как**

душа, лишенная Эго, прежде чем войти в тело, выбрала такой урок жизни и как она хочет исправить свои ошибки.

Ни один сознательный человек не захочет родиться слепым, немым, глухим, калекой, инвалидом и т. д. Любой физический/психический недостаток избирается самой душой, чтобы позволить человеку преодолеть трудности, исправить ошибки и завершить свой жизненный урок.

Если бы все было известно заранее, человеку не было бы дано выбора. Бог не будет вам навязывать свою волю, а позволит выбирать самому. Даже если ваш выбор неверен, вы научитесь на собственном опыте, и вот примеры:

- **Человек, который в своих предыдущих воплощениях не слушал** чужих советов из-за упрямства, может выбрать родиться **глухим**.

- **Человек, который в своих предыдущих воплощениях затыкал рот/лишал права говорить** другого человека, либо клеветал и подстрекал, может выбрать родиться **немым**.

- **Человек, который в своих предыдущих воплощениях не видел** в другом человеке хорошего или не ценил увиденное, может выбрать родиться **слепым**.

- **Человек, который в своих предыдущих воплощениях не чтил святость жизни**, убивал или жестоко обращался с людьми или животными, может выбрать **страдать при жизни от тяжелой/неизлечимой болезни**, которая сократит ему жизнь. Его жизнь **не будет продлена**, так как сам он не продлевал и не ценил жизнь других.

Предсказание будущего

Творец дает человеку естественную способность общаться и немного предсказывать будущее, чтобы помочь, направить и облегчить ему жизнь. Если бы у человечества был доступ и способность открывать для себя будущее, то исчезли бы любопытство, цель и интерес к жизни.

И даже после того, как человеку было сделано предсказание, передан совет или послание, у него все еще есть свобода выбора поступать так, как ему заблагорассудится.

Если человек решит не реализовывать в данный момент то, что ему предсказано, то Вселенная назначит ему новые врата = другие даты на временной шкале, так как все, что ожидается, так или иначе произойдет в течение жизни человека, **так как все известно, то, что должно произойти - произойдет, и полномочия даны – лишь время/дата события будет изменено (ускорено или отложено) в соответствии с выбором человека.**

Решения человека влияют на маршрут его дорожной карты, которая меняется в результате его решений и действий. Ничто не стоит на месте, все бесконечно динамично.

Подобно вселенной, которая изменяется без остановки, меняется и орбита, но не судьба. Ни у одного человека не будет возможности полностью и окончательно предугадать будущее, так как никогда не будет одной правды, человеку всегда будет дана возможность изменить маршрут своей дорожной карты в любой момент. Каждый ответ в предсказании верен лишь на тот момент времени, когда был задан вопрос.

Сила скрыта от глаз

Боги/Творцы никогда не раскроют себя и не откроют всего, потому что сила находится в скрытом, и как только тайна открывается – мы теряем силу.

На протяжении тысячелетий большая часть человечества верила в Бога? Это связано с тем, что тайна Бога никогда не раскрывалась и не будет раскрыта. Если бы Бог был разоблачен - его сила была бы потеряна.

Религии

Как великий сторонник Творца и свободы человека, я не религиозна из соображений свободы выбора. Я не принадлежу к какой-либо организации, партии, движению или культу. У меня нет мотивов или желания становиться гуру или превозносить одного человека над другим, а тем более – демонстрировать свое личное превосходство над другими. **Каждая религия выступает против свободы выбора человека**, потому что, как только человеку предписывают «что делать и чего не делать», он уже не может решать сам и, таким образом, лишается возможности самостоятельного выбора, необходимого для завершения урока и исправления ошибок души.

Материя никогда не будет священна, и даже: книги, Стена Плача, молитвенные залы, мезузы, купола и прочая «священная» утварь.

Удивительно ли, что древние писания, такие как свитки Торы, были написаны в хронологической последовательности, охватывающей тысячи лет, и собраны «чудесным образом» в одну книгу? Они были написаны разными мужчинами, которые документировали события тысячелетий на их собственном языке, базируясь на их понимание, образование и личное видение. Небольшая часть событий

действительно произошла, но большинство событий были придуманы как народные сказки.

«Священные» книги были написаны в древние времена и до сих пор пишутся и контролируются мужчинами и с помощью «промывания мозгов» продвигаются в массы духовенством (раввинами, священниками, имамами), живущими на общественные и государственные средства. Они установили для всего населения еженедельный и ежегодный религиозный порядок празднеств, пиров и молитв, прославляя мужчину и принижая женщину, силы которой они боятся. Этот порядок изменится в эпоху Водолея, лидерство женщин приведет к миру во всем мире под одним единым мировым правительством, без религии и со свободной верой.

Творец осознает свою силу и не нуждается в человеческом рабстве, поэтому нехорошо быть порабощенным религией, это идолопоклонство!

Не Бог создал религию, а сам человек. Во Вселенной нет религий, а существует только свободная вера.

В эпоху Рыб (которая всегда начинается хорошо) религия была основана человеком из благих побуждений, чтобы соединить материальное (человеческое тело) и дух (душу) чтобы объединить людей, предотвратить саморазрушение человека и окружающей среды и объединить людей.

Но Рыбы также двойственны и манипулятивны, поэтому со временем религия укрепилась и стала «решением» людских проблем. С могуществом религии также пришли власть и контроль над людьми посредством церемоний, времени молитв, законов, принуждений, угроз и запугиваний, религиозных режимов, убийств населения во имя Бога, во время Крестовых походов, инквизиции, геноцида, Холокоста, а также благодаря средствам массовой информации.

Также происходит и «религиозные соревнования»: строительство огромных молитвенных комплексов, подчеркивающих их мощь и различные культы: сайентология в христианстве, джихад в исламе и каббала в иудаизме.

Несмотря на то, что в Торе сказано: «Не создавай себе Раввина», верующие следуют за раввинами, которые определяют:

- даты прихода в молитвенные комплексы, уроки религии, порядок молитв и законы, что и когда есть, во что одеваться, когда отдыхать и поститься, вплоть до даты полового акта и с кем, назначение дат и праздников для всего населения, порочащие другие религии, древние языческие обряды, такие как:

обрезание, брак, развод и погребальные обряды, позволяющие хоронить на своей земле только своих верующих, а все, кто отличается, не могут быть похоронены на этой земле. Всякий внешний религиозный знак есть идолопоклонство. Во всех религиях есть религиозная иерархия и коррупция, пожертвования и преимущества, вплоть до средств массовой информации, сект и фракций.

Духовность = это свободная вера без внешних признаков, указывающих на идолопоклонство, поэтому «Кабала» (принятие) - это не духовность, а «Дружеское и сплоченное промывание мозгов и от имени раввина» с помощью средств массовой информации, религиозных уроков, пожертвований, правил и процедур. Всякая религия противоречит свободе человека.

Священно только одно: Жизнь/Душа.

Нет святых мест - есть древние места.

Нет священных книг - есть древние книги. Начинайте привыкать...

Религия лишает человека свободы

Любая религия лишает человека свободы выбора и таким образом делает верующих заключенными в карму повторных воплощений. Каждая религия диктует, устанавливает правила, сроки и ориентиры для своих верующих, при этом лишает их свободы выбора и лишает их большей части судьбы Творца.

Так верующие оказываются заключенными в бесконечно повторяющихся жизненных циклах/реинкарнациях душ, пока не осознают и не реализуют свой свободный выбор.

Религиозные люди принимают «религиозный облик» в одеянии и внешнем виде, чтобы почувствовать свою «чистоту» и принадлежность к потоку/сообществу. Творец же видит в этом идолопоклонство/маскировку, которое предписывает и диктует свое мнение сообществу, без возможности свободы выбора и прославляя материальное выше духовного. Духовность - это свободная вера, лишенная внешних признаков, требующая уважения, терпимости и принятия другого.

Люди, избравшие для себя религию, сделали это для того, чтобы искупить поступки своего нынешнего воплощения или своих предыдущих воплощений. Судьба людей состоит в том, чтобы осуществлять право свободного выбора, которого лишает их религия, поэтому они будут возвращаться и перевоплощаться до тех пор, пока не воспользуются свободой выбора и не испытают духовного просветления в материальном теле.

Религия - это самый непрекращающийся массовый обман.

Человек, который не действует исходя из свободы своих убеждений, а лишь идет по следам другого, не исполняет свое земное предназначение

Бог не просил вас ни о чем, кроме реализации вашего выбора, не причиняя вреда другому.

Как вы не поклоняетесь своим родителям, так и Творец осознает свое величие и не просит вас поклоняться ему, не

просит жертв или жертвоприношений, пожертвований, молитвенных домов, религиозных обрядов, заучивания молитв и законов, участков для захоронения, надгробий, обрядов и церемоний. Так как все это - идолы, *«Не сотвори себе кумира».*

Бог не будет вмешиваться в вашу свободу выбора и ограничивать вас. Вы были сотворены нагими, свободными и имеющими право выбора, ешьте и пейте без ограничений. Нет наказаний, нет «Колесниц Богов» и «гнева носа Божьего», Творцы сделали это в целях запугивания, потому что Бог — это юмор и любовь. Бог не будет ненавидеть, не ударит, не накажет тебя, каким бы злым ты ни был. И после смерти, именно вы сами и будете судить себя, при отсутствии Эго.

Бог никогда не повелевает, не требует и не наказывает, он весь состоит из Любви, ибо *«не силой и не властью, но Духом Я Господь».*

Бог обитает во всей материи и духе. Не нужно его искать, просто посмотрите в зеркало, чтобы найти его. Бог говорит на всех языках.

Он создает языки. Мудрость заключается в молчании, у молчания есть свой язык.

Парадокс иудаизма:

Если иудаизм был таким чистым, сплоченным и любящим, то почему:

• Существует этническое разделение между синагогами (ашкеназскими, сефардские, а также синагоги разных общин)

• Должности главных Раввинов не смешиваются: почему существуют ашкеназский Раввин и сефардский Раввин?

- Раввинское учреждение, выдающее «кошерные и религиозные сертификаты» людям, продуктам питания и потребительским товарам? Это власть и коррупция! Создавать контроль над населением в течение целых поколений. Кто вы такие? Кто вас назначил на эту должность? Разделение мужчин и женщин в синагогах, молитвенных домах и у Стены Плача? Это неравенство и принижение статуса женщины из страха перед ее властью.
- Превосходство мужчины в синагоге перед «Ковчегом завета», и перемещение "нечистой" женщины на задворки в женскую секцию синагоги.

Все люди рождаются нагими и равными перед лицом Творца, никто не превосходит другого, и уж точно - не во имя религии. Каждый религиозный человек подвергся промывке мозгов и действует по принципу стадного чувства, без свободного выбора.
Религии не могут допустить свободы выбора, иначе они потеряют власть над человеком. Материя никогда не будет священной! Священен лишь дух человеческой души.

Все религии были изобретены людьми в древности. Все они наделяют мужчин властью и принижают женщин из страха перед ними. Способ контроля над другим лежит через отрицание его прав. Человек, который диктует другому человеку, производит негативную карму, которая вернется к нему при жизни.

К началу Эры Водолея все в мире будет остановлено для очистки и обновления, в период 2019-2025 г. Творец сотрет мировые религии, очистит мир от богатых и коррумпированных - единственную силу, разрушившую мир, от злодеев, поклоняющихся дьяволу и жестоко обращающихся с детьми, от людей, которые не уважают человеческую свободу и от всех правительств. Все религии будут стерты с лица земли в пользу свободной веры, власть вернется к массам чтобы свергнуть правительства и любую индивидуальную власть, и для того, чтобы вступить в эру Водолея, эру, которая открывает истину, вершит правосудие и дарует истинную свободу.

Все души бесконечны и даны взаймы всем формам жизни во вселенной, чтобы исправить ошибки и засвидетельствовать природу Творца. **Количество душ во вселенной ограничено**. Для того, чтобы одна душа вошла в тело при рождении, вторая душа должна покинуть другое тело. Так происходит равновесие во Вселенной.

Творец отправляет на землю посланников света, воплощенных в человеческом теле, чтобы «спуститься» на уровень человеческого понимания. Они воплощены в лице вестников и пророков, передающих понимание, любовь и помощь.

Бог не открывается в своем истинном образе человеческим существам в материальном теле, потому что его энергетическая масса настолько огромна, что может причинить физические и психические травмы, только духу дана возможность предстать перед ликом Бога.

Там, где господствует религия, снижается уровень образования. Это тормозит осуществление миссии Творца = технологическому прогрессу человеческого вида, который создаст последующие человеческие виды.

Иисус опередил свое время в эпоху, когда принес Евангелие человечеству: Вера - она свободна, без знамений. Божественное - не в материи, а в духе. Люди должны выбирать свою веру, а не быть ведомы другими.

Иисус навлек на себя противников, ибо как выживет религиозная индустрия без вымогательства государственных и общественных средств? Именно поэтому, Синедрион подстрекал против него, что привело к распятию Иисуса **римлянами**. И вот сегодня высшая католическая церковь (империя христианства) находится в Ватикане **в Риме**! Именно там находится Папа Римский! То есть римляне убили Иисуса и основали в Риме христианское государство от его имени, абсурд!!

К началу Эры Водолея справедливость должна свершиться, поэтому Ватикан и три коррумпированных папы - прислужника сатаны (в черном, сером и белом) будут уничтожены, как был убит Иисус. А все груды золотых слитков в подвалах Ватикана и других местах, сокровища, которые они награбили, активы, которые скупили по всему миру за тысячи лет - вернуться назад, туда, откуда они были награблены. Это и есть библейское возрождение времен Иисуса!

Авраам и Сара

несут ответственность за текущую карму между евреями и арабами.

В древние времена Авраам жил со своей женой Сарой. Во время их жизни в Египте красавица Сара создавала проблемы Аврааму, а когда фараон узнал, что она была женой Авраама, он изгнал их обоих из земли своей в землю Ханаанскую. Сара была бесплодна, поэтому решила взять себе рабыню - Агар в качестве второй жены Аврааму. У Агар и Авраама родился сын Изма-Эль (Измаил). После его рождения

90-летняя Сара забеременела и родила своего родного сына Исаака. Сара действовала из ревности. Сара в переводе с Иврита = **узкая, узкоглазая**.

Из зависти к старшему из братьев, Сара подстроила заговор и убедила Авраама бросить Агар и Измаила, сына его, и изгнать их в пустыню лишь с кувшином воды и буханкой хлеба. Агар и Измаил вынуждены были мигрировать («агар», «агер», «зар» - на Иврите означает миграция/переселение) из своего дома из-за несправедливости. Авраам был богатым человеком, имеющим земельные владения. Испытывая боль за Агар и Измаила, Авраам позаботился о них дал им новый участок земли и пищу.

Авраама называют «Отец наш»? Кому нужен такой отец?

Измаил (Исмаил) не получил от своего отца ни защиты, как того ожидалось, ни почета, ни наследства, ни привилегий первородного сына, ни земли, ни денег, а ведь все это и по сей день требуют от Исаака, иудеев!

Это тысячелетний кармический замкнутый круг между арабами и евреями, сводными братьями, которые пытаются жить вместе, но пока еще не научились уважать и даровать взаимное равенство. Измаил (Исмаил) был брошен **в пустыню,** где родились его потомки, арабы, живущие с тех пор в **пустынных** землях. Еще тогда Ишма-Эль (арабский народ) просил Исаака (еврейский народ) услышать его, но Исаак (на иврите Ицхак = смеющийся) лишь рассмеялся в ответ на его просьбу.

Авраам и Сара - родители еврейского народа, родители, которые не вели себя правильно = Израиль (на Иврите «Яшар-Эль») при чтении наоборот дословно означает «Ло-Яшар» = «не прямой».

Авраам и Агар - родители арабского народа, который просит, чтоб его услышали, Исмаил = на Иврите «Ишма-Эль» означает «услышь-бог», а при чтении наоборот «Эль-Ишма» - «не услышь».

В эпоху Водолея будет сделана коррекция: начиная с 2025 года наступит светлый год на планете Земля, придет Мир в Израиль и к его соседям на Ближнем Востоке, и постепенно распространится на остальные страны, потому что "и были вы светом (и примером) неевреям».

«И вы были светом для неевреев» Еврейский народ всегда был одарен и наделен способностями преуспевать в экономическом, научном и технологическом плане. Роль еврейского народа: распространять свет (как Иисус/Иисус Навин (= знание, братство и Евангелие в мире).

Сообщение от Создателя:

«Арабы и евреи, вы братья и сестры, научитесь жить вместе, уважать друг друга, вместе делить землю и предоставлять равные права. Что не дано в прошлом - должно быть дано сегодня, чтобы свершить «исправление мира». Не мечом будет решаться вопрос, а устами, полными справедливости, понимания и сострадания».

Глава 2
Творец/Создатель
Существа Создания

Творец / Создатель

Бог = один, Боги = множество, поэтому на Иврите говорят: «Боги Всемогущие».

Хотя Богов много, я буду называть их в единственном числе мужского рода, к чему привыкло большинство. Вы были созданы инопланетными создателями, чтобы засвидетельствовать о природе Творца. Творец = на Иврите «Бри'А» означает «в зеркале Бога». Как вы узнаете, кто вы есть, если не взглянете в зеркало? Благодаря своим мыслям, высказываниям и действиям вы свидетельствуете о Творце.

Бог - бесчувственная энергия, без «гнева божьего», как Бог будет знать какой он: добрый, милосердный, любящий, благожелательный или жестокий?

Именно вы свидетельствуете о природе Бога своими действиями.

Бог существует во всем, что находится вокруг, в материи и духе.

Это бесконечная космическая энергия с исключительной способностью создавать планеты, вселенные, тьму, свет и души, которые вдыхают жизнь в материальные вещи, такие как: параллельные миры, планеты, живые существа, воздух, свет и многое другое.

Вселенная беспрерывно воспроизводит себя.

Бог является источником всего. Он говорит на всех языках.

Все создается нагим и имеет свободу выбора.

Бог - это не религия. Во Вселенной нет религий, но есть свободная вера.

Бог

Это не старик, одетый в белое и сидящий на пьедестале. Богов много, это энергия, которая окутывает бесконечную вселенную. Космос воспроизводит себя вечно.

Бог - это энергия, лишенная пола и физического тела, но иногда воплощающаяся и в физическом теле.

Бог создал все формы жизни во вселенной, чтобы свидетельствовать о своей природе. **Как Бог узнал, кто он такой? О нем говорят деяния всех созданных им форм жизни.**

Все уже существует и послано вам Творцом. Ничто не принадлежит вам. Каждая книга, статья, изобретение и патент - уже есть и осталось только издать ее.

Данные вам знания - не ваши, они даны вам Творцом.

Вы - вечные сферы света, ничто не принадлежит вам, кроме свободы выбора, ваша душа также не принадлежит вам, но она дана вам для завершения жизненного урока.

Существа

Это формы жизни, созданные Творцом и в ходе своей эволюции на протяжении многих лет создавшие другие формы жизни (природу, животных и человека) на своей планете, а затем они создали жизнь и на других планетах по плану Творца.

Пришельцы с определенной планеты - это Существа, которые создали людей (создания) на планете Земля, и за этими созданиями они тайно наблюдают.

Существа стремятся предоставить созданиям свободу выбора и вмешиваются только в исключительных случаях, когда те приближаются к самоуничтожению.

Как существа положили конец Второй мировой войне в 1945 году, с помощью внедрения необходимых знаний ученого Алана Тьюринга.

«Начало всякого создания – это хаос»: Природа была создана в результате извержений вулканов. Наши инопланетные создатели сотворили животных путем гибридизации, а людей из гибрида самца-гориллы и женщины-инопланетянки.

Создания

Все формы жизни, несомненно, созданы различными видами существ во всей бесконечной вселенной со свободой выбора для каждого свободного творения.

Цель любой формы жизни:

- Создавать дополнительные формы жизни, и таким образом приводить в движение бесконечный двигатель Творца.

- Все формы жизни были созданы обнаженными, с правом свободного выбора. Их душа была дана Творцом лишь на время, с целью завершить жизненный урок и исправить совершенные ими ошибки.

- Все поступки созданий свидетельствуют об их природе и, следовательно, о природе Творца/Бога.

Как Творец узнает, кто он? Если не посмотрит в зеркало!

Каждое Существо и Создание - есть отражение, зеркало Творца.

С этой целью создал Творец Существ, которые затем создали Создания и так далее, своими действиями они свидетельствуют о природе Бога/Творца. Создания - как дети - являются воспитанниками своих родителей. По большей части действия детей свидетельствуют о качестве родительского образования.

В начале Бог создал

Вся вселенная существует во тьме, а источники света скудны и локальны.

Свет предназначен для обнаружения того, что уже существует во тьме.

Создателю «немного скучно» в великой тьме, поэтому он решил создать вселенные, миры, звезды и формы жизни, чтобы осветить темную Вселенную.

Книга Бытия:

«И увидел Бог, что это хорошо»; Эти слова свидетельствуют о том, что Бог создал мир методом проб и ошибок. Путем создания, модификации, исправления и обновления.

«В начале сотворил Бог небо и землю. И был хаос, и тьма над бездною, и Дух Божий носился над водою.

И сказал Бог: да будет свет. И стал свет.

И увидел Бог свет, что он хорош, и отделил Бог свет от тьмы.

И назвал Бог свет днем, а тьму ночью. И был вечер, и было утро: день один.

И создал Бог два светила великие: светило большее, для управления днем, и светило меньшее, для управления ночью, и звезды;

И поставил их Бог на тверди небесной, чтобы светить на землю,

и управлять днем и ночью, и отделять свет от тьмы.

И увидел Бог, что это хорошо.»

Ниже приводится толкование вышесказанного стиха, полученного в сеансе ясновидения:

Псалом 1:

Сотворил Бог небо – создал Творец бесконечное пространство, в котором душа может парить, а летательные аппараты могут противостоять гравитации.

Сотворил Бог землю - создал Творец в бесконечном пространстве Землю и планеты, по которым можно ходить в физическом измерении.

Произношение слова 'Планета Земля' = EARTH звучит на английском языке 'Земля'.

И был хаос - Были выбраны одна планета и одна душа, которые столкнулись и взорвались, в результате чего из этой звездной пыли образовались семена новых душ и планет. Эти звезды безостановочно сталкиваются и взрываются в бесконечном цикле разрушения и созидания, в результате чего из их звездной пыли появляются новые планеты. Это бесконечный двигатель Творца.

И создал Бог два светила великие: светило большее, для управления днем, и светило меньшее, для управления ночью, и звезды - В каждой галактике есть несколько планет, которые излучают свет в темной Вселенной. Луны светят ночью, а Солнца светят днем.

Свет предназначен для того, чтобы сделать возможным открытие того, что находится в темной вселенной.

В галактике можно <u>естественным образом</u> основать жизнь на одной отдельно взятой планете!

Псалом 2:

сотворил Бог землю. И был хаос - Планета была создана в хаосе, как результат столкновения звезд.

и тьма над бездною - Планета Земля парит в космосе, тьма и бездна над ней и под ней, она существует в темной и бесконечной Вселенной.

Дух Божий носился над водою - Души получили жизнь через воду и вдохнули ее в живое тело, содержащее воду. Вода - признак жизни.

Псалом 3:

И сказал Бог: да будет свет. И стал свет - Бог сказал: «Да будет свет», и таким образом был создан свет. Вы все создаете реалии своей жизни. Все, что вы скажете, сбудется.

Нет ни прошлого, ни будущего, все существует и создается в настоящем, слой за слоем. Во Вселенной нет понятий времени, а есть лишь понятие тьмы и света. Человек создал границы и время, чтобы определить пространство и свое движения.

Сначала была создана тьма, и только потом пришел свет. Тьма - это естественное состояние Вселенной. Все происходит в темноте, с помощью локальных и быстротечных вспышек света **вы можете открыть то, что уже существует и обнаружить что происходит в темноте.**

Псалом 4:

И увидел Бог свет, что он хорош - Бог создал свет и увидел, что он успешен, методом проб и ошибок. Временный свет предназначен для того, чтобы позволить обнаружить то, что существует во тьме вселенной. Бог существует тайно, поэтому его сила велика. Вот почему Вселенная пребывает во тьме, чтобы придать ей скрытую силу. Лишь половину дня светло, и цель этого - успеть найти и раскрыть тайны мироздания за то короткое время до наступления тьмы.

Свет помогает обнаружить то, что уже существует в темноте.

Каждое зарождение жизни происходит во тьме: звезды рождаются и гаснут, сон и смерть, оплодотворение женщины, формирование новорожденного и внутриутробный период от беременности до рождения.

Вопреки общепринятому научному мнению:

Тьма - это не состояние, существующее при отсутствии света!?

Наоборот - темнота - естественное состояние Вселенной!

Из тьмы вы созданы и во тьму вы возвращаетесь. Тьма постоянна во всей вселенной. Не бойтесь тьмы, которая имеет ошибочные коннотации с дьяволом, злом и мраком.

Тьма -это постоянное состояние, соединяющее все части вселенной.

Свет - он временный, локальный и исходит от чередующихся звезд.

Примите тьму как фоновый цвет, на котором вы будете сиять светом своей Души.

Псалом 5:

И назвал Бог свет днем, а тьму ночью. И был вечер, и было утро: день один - Бог позволил свету и тьме существовать каждому в свое время, и это «утро и вечер»

Вместе они составляют «один день».

Псалмы 16-18:

И создал Бог два светила великие: светило большее, для управления днем, и светило меньшее, для управления ночью, и звезды;

И поставил их Бог на тверди небесной, чтобы светить на землю, и управлять днем и ночью, и отделять свет от тьмы. И увидел Бог, что это хорошо - Было решено освещать тьму ночью с помощью маленького светила – Луны, и большого светила днем - Солнца. Все это с целью обеспечения выбора, порядка и отдыха для человечества.

Границы

Людям трудно принять тот факт, что они живут в безграничной Вселенной.

Трудности возникают из-за страха перед неизвестным и необходимости создать структурированный порядок, поэтому люди приняли законы и установили такие правила, как:

Ограничения по времени и датам.

Морская и воздушная граница.

Граница между странами, землями, территориями, имуществом и т. д.

Границы дома, двора и построение прямых стен не как в природе, так как в природе нет прямых линий, все неровно и связано одно с другим, поэтому:

- **Во вселенной нет границ - даже на земле и на море**. Планета построена как единое целое, без границ и разделений.

- **Воздух на планете не ограничен и не разделен**, он находится везде и пересекает бесконечное пространство.

- **Суши и моря на планете составляют единое целое без границ**. Все дано природе, животным и человеку в равной степени, без религиозных различий, расы, пола или национальности.

Как только движение человека по земле или по морю ограничивается, и он лишается свободы выбора (Правило 1), то эта отрицательная энергия возвращается по кругу к ограничивающему фактору (Правило 2) и порождает отчаяние и войны.

Сегодня жизнь на планете ограничена и лишена свободы.

Человек из эгоизма и руководствуясь инстинктом самосохранения, насилием завоевывал территории, изгонял и убивал, объявлял эти земли своей собственностью, устанавливал для себя границы на море и на суше, воевал с теми, кто вторгался на его территории, воздерживался от ассимиляции с другими, расставлял свои опознавательные знаки: флаги, гербы, национальность, религия, язык, одежда, праздники и обычаи.

Хотя люди во всех уголках планеты отличаются друг от друга внешностью, языком, обычаями и мнениями, но у всех у них есть душа, которая вошла в их тело при рождении и собирается покинуть тело после смерти. **Все они позаимствовали свои души, чтобы пройти урок и исправить ошибки во временном материальном теле.**

Все люди были созданы нагими и с данной им свободой выбора: как и где жить, ходить, учиться, работать, есть, одеваться, верить, заниматься любимым делом и умирать там, где они пожелают, без ограничений, границ, подтверждений и государственных разрешений.

Люди никогда не владели и никогда не будут владеть материей или духом!
Большинство людей, достигшие высокого статуса, становятся коррумпированными.

Заселение планеты Земля

Кратко о процессе создания мира:

Планеты постоянно взрываются во Вселенной, при этом их звездная пыль создает новые планеты. Это бесконечный процесс распада и рождения планет.

Сначала Творец создал основу для жизни на земле: воду. Извержения вулканов стали причиной эволюции и зарождения различных форм жизни на Земле.

Создание жизни на планете Земля началось миллиарды лет назад с соглашения об «аренде» между Творцом и нашими инопланетными создателями, целью которого было запустить двигатель созидания через бесконечное создание жизни.

Во всей Вселенной существует бесчисленное множество форм жизни, человеческих видов с разным обличием и внешностью.

Наши инопланетные создатели получили в «аренду» от Творца нашу планету Земля для заселения ее новыми формами жизни.

Облик нашего инопланетного создателя

* Они прилетели с далекой планеты из галактики Млечный Путь.

* Ростом выше человека, с длинным и стройным телосложением.

* Череп большого размера относительно размера тела, крупная голова перевернутой грушевидной формы.

- Маленький рот, большие раскосые глаза, тело, лишенное волос. Нос без переносицы.
- Обладают способностью к телепатическому общению и быстрому мышлению.
- Письменное общение состоит из символов и графических форм.

Наши инопланетные создатели создали на планете три человеческих вида, отличающихся процентным соотношением ДНК:

Первый человек - азиат (человечество зародилось в Японии): гибрид <u>высокой концентрации ДНК</u> женщины инопланетянки + более низкой концентрации ДНК самца гориллы.

Низкий процент ДНК самца гориллы	Высокий процент ДНК женщины-инопланетянки

Второй человек - чернокожий:

гибрид <u>высокой концентрации ДНК</u> самца гориллы + более низкой концентрации ДНК женщины инопланетянки.

Высокий процент ДНК самца гориллы	Низкий процент ДНК женщины-инопланетянки

Третий человек - белый:

Гибрид <u>равной</u> концентрации ДНК самца гориллы и женщины инопланетянки.

50% ДНК самца гориллы	50% ДНК женщины-инопланетянки

Три разновидности человека

Эти три основных человеческих вида, благодаря смешению между ними, создали множество различных по своему внешнему виду человеческих существ.

Первый человек: азиат (Япония)	Второй человек: чернокожий	Третий человек: белый
гибрид самки инопланетянки и самца гориллы. Высокий процент ДНК женщины-инопланетянки.	гибрид самки инопланетянки и самца гориллы. Высокий процент ДНК самца гориллы.	гибрид самки инопланетянки и самца гориллы. равный процент ДНК женщины-инопланетянки и гориллы.
Сходство с инопланетянами: Низкие, темные и раскосые глаза, худощавость, небольшая мышечная масса, светлый оттенок кожи, редкие волосы на теле, письмо и речь подобны инопланетному стилю, состоящему из символов и звуков. Роботизированное, иногда бесчувственное мышление. Предназначение: Прогресс, изобретения. Место проживания: Азия, Умеренный климат.	Сходство с гориллами: Цвет кожи, волос и глаз: темный. Густые и вьющиеся волосы. Приплюснутый нос, широкая челюсть, белоснежные зубы, высокая мышечная масса, физическая сила и высокий уровень тестостерона. Предназначение: строительство, сила. Место проживания: Африка, Жаркий климат.	Сходство: Тон кожи, цвет волос и глаз: светлый. Волосы: Гладкие, волнистые и вьющиеся, средняя мышечной масса и физическая сила. Предназначение: Прогресс и строительство. Место проживания: Европа, холодный климат.

Женщина была создана по образу инопланетянки:

- **Внешность**: ростом ниже мужчины, худощавая, чувствительная, нежная, физически слабая.

- **Запрограммирована как робот** для исследования и выполнения нескольких операций одновременно.

- **Женщина более духовна, чем мужчина,** у нее острая интуиция, чтобы слушать и заниматься духовными практиками.

- **Мигрень поражает больше женщин, чем мужчин**: мигрень – это естественный процесс передачи сообщений, общения с Творцом (ясновидение) от коронной чакры (макушки головы) к вискам, но, когда эта информация не находит выхода или не выражается письменно, словесно, или через искусство и музыку, создается давление в лобной, височной или другой области головы.

- **По статистике** женщина живет дольше мужчины. Женщина способна прожить долгие периоды без мужчины.

- **Женщина – мультисексуальная инопланетянка,** более раскрепощенная чем мужчина, поэтому она может жить в племенах с женщинами и мужчинами без каких-либо физических или психологических проблем, поскольку в давние времена у королей и вождей племен было несколько женщин. Ее эмоциональная сторона очень развита. Это естественно видеть, как девушки или женщины держатся за руки, целуются и обнимаются.

- **Роль женщины - принести равновесие, компромисс и мир во всем мире** в противовес разрушительной силе мужчины. Если бы не женщины, мужчины привели бы к разрушению и уничтожению человечества на планете. Страницы истории полны рассказов о войнах, завоеваниях и систематических убийствах, совершенных мужчинами из эгоизма и стремлению к господству.

- **Женщина - это инопланетное космическое производство** создания жизни в своем чреве. Однако для оплодотворения необходима сперма мужчины, чему в будущем найдется альтернатива: банк спермы и техника дублирования сперматозоидов для оплодотворения.

Мужчина был создан по образу гориллы:

- **Внешний вид**: высокий, широкоплечий, с развитой грудной клеткой, физической силой, высоким уровнем тестостерона и широкой челюстью.

- **Мужчина произошел от гориллы**: сила, эго, власть и контроль (лидер группы). Мужчина обычно действует из эго и здравого смысла, лишенного эмоций, фанатизма, конкуренции, мести и страха выживания.

• **Мужчина произошел от самца гориллы.** Как охотник, он может выполнять лишь одно действие за раз. У мужчин есть чувство животного выживания и эго, как у гориллы - вожака стаи и самца в животном мире.

• **Мужчина больше связан с профессиями, требующими**: физической силы, стратегии, контроля и лидерства. Мужчины обычно предназначены для выполнения проектов, требующих большой физической силы. Как и гориллы, мужчины сильные, крепкие, брутальные, имеют: мускулистое телосложение, высокий уровень тестостерона, волосатое тело, щетину, усы и бороду.

• **Мужчины с высшим образованием, занимающиеся технологиями и наукой**, часто утончены и имеют роботизированную частоту и мозг - как у женщины-инопланетянки.

• **Мужчина - моносексуален**, обычно гетеросексуален, склонен избегать контактов с мужчинами. Мужчина ревнив и ему трудно делить женщину с другими мужчинами.

Мужчины, как гориллы, «лидеры стаи», любят жить в группах, племенах и править своим королевством. С тех пор человечество стало жить царствами, деревнями и небольшими племенами вплоть до небольшой семейной ячейки.

Однополая ориентация: не является врожденной, а развивается в результате взаимодействия ребенка с окружающей средой в первые годы его жизни, при которой у ребенка создается чрезмерная близость к тому полу, с которым он чувствует себя в безопасности.

Сексуальное предпочтение создается из-за какого-либо приоритета, травмы, незащищенности или чрезмерной близости младенца/ребенка к одному из его родственников.
В большинстве случаев мужчина-гей испытывает в детстве избыток женского окружения или чрезмерный контроль со стороны одного из родителей, что подорвало его личную уверенность.
Женщина-лесбиянка в детстве испытывала нехватку мужского окружения, травму и потребность защищать себя/своих сподвижников.

Измена - это не преступление, а духовное желание человека испытать любовь и волнение вне отношений, в которых он состоит, и не хочет, чтобы ему бросали вызов ради удобства. Потому что без частот любви человеку не выжить.

Глава 3
Правила вселенной

Ничто не принадлежит вам, даже ваша душа дана вам для уроков и исправления ошибок.

Каждая душа входит в материальное тело в момент рождения, вдыхает в него жизнь и получает Эго для самосохранения. В момент смерти душа выходит из тела, в котором она жила и освобождается от Эго.

У души нет Эго! Каждый умерший – сам выбрал для себя смерть!

Творец не «забирает» людей, а спрашивает разрешения у человеческой души.

Количество душ во вселенной ограничено

Следовательно, для того чтобы душа вошла в тело младенца (рождение), другая душа должна покинуть тело (смерть).

- **Каждое рождение** - это смерть другого.
- **В момент рождения** - празднуют вхождение души в тело.
- **В момент смерти** - празднуют окончание пути души и ее выход из тела.

Наши инопланетные создатели бесчувственны и их исправление заключается в том, чтобы испытать эмоции с помощью сотворения человечества, которое на всей планете действует под влиянием эмоций.

Все знания будут освоены через противоположный им урок:

Как вы научитесь ценить свет, если не испытаете тьмы.

Как вы научитесь ценить успех, если не испытаете неудач.

Как вы научитесь ценить деньги или людей - если не потеряете их.

Как вы научитесь ценить любовь - если не испытаете утраты или разочарования.

Как вы научитесь ценить жизнь - если не потеряете жизнь или частично функции вашего тела.

В момент смерти каждая душа возвращается к своему первоначальному состоянию духа и при отсутствии Эго решает перевоплотиться снова: как дух или как материя. Душа иногда повторяет тысячи воплощений, пока не достигнет исправления и просветления в физическом теле.

Душа решает перевоплотиться в материальном теле, таком как: пепел, растение, животное, человек, инопланетянин, существо света, ангел и т. д., пока не сольется в виде света с источником творения.

Уровень просветления души - это то, что позволяет ей подняться из материального мира на свое место в иерархии духовного мира.

Люди, решившие покончить жизнь самоубийством и сами лишившие себя жизни, часто уже переживали самоубийство в своих предыдущих воплощениях, а в эту жизнь они пришли, чтобы снова пережить этот трудный урок и перейти к исправлению.

После каждой смерти Творец никогда не будет гневаться или наказывать, а проявит ко всем душам сострадание и любовь.

Каждая душа может продвигаться вверх по духовной иерархии или вернуться в материальную/физическую иерархию, чтобы исцелиться и достигнуть просветления в материальном теле.

Человек может выбрать в своем следующем воплощении вернуться в материальное тело: пепел/земля, растение, животное или в инопланетное тело, сущность света или ангела, согласно пояснению на следующей странице:

Мир материи

Душа как дух решает быть воплощенной в материи в материальной иерархии:

- ✓ Пепел, камень.
- ✓ Растение.
- ✓ Животное.
- ✓ Человек или внеземная форма жизни
- ✓ И так до просветления в живом теле.

Мир Души

Душа завершает свое воплощение в материальном мире, и в зависимости от уровня просветления в ней вы можете вознестись к:

- ✓ Сущности.
- ✓ Ангелу.
- ✓ Вернуться к источнику в виде **света** и воссоединиться с Творцом.

Реинкарнация

Все во вселенной сделано из душ, из которых в свою очередь создан Творец/Бог. Каждая душа выбирает себе материальное тело, в котором она живет с целью исправить ошибки, закончить урок и засвидетельствовать природу Творца.

Самоубийство

«Ничто не принадлежит вам, кроме свободы вашего выбора… ваша душа также дана вам на время для исправления ошибок». Душа вдыхает дух в материальное тело, чтобы завершить кармический урок и засвидетельствовать свою природу и одновременно природу Творца/Бога.

Вы вечные сферы света, которые временно получают душу, входящую в физическое тело с целью «путешествия» и исправления ошибок, и в конце пути душа отделяется от тела, и вы снова становитесь сферами света.

Всякое живое тело пребывает на земле лишь ограниченное время, и только душа вечна и дана человеку от Творца чтоб исправить ошибки.

Первое правило - свобода выбора, Творец никогда не будет мешать свободе выбора человека. Поэтому, как только человеку естественным образом не дают совершить суицид, ему отказывают в праве и свободе выбора, тем самым активизируя **второе правило – все возвращается**, эта блокирующая энергия вернется и нанесет вред тем людям, которые не позволили человеку совершить суицид.

Цель состоит не в том, чтобы поощрять самоубийства, а в том, чтобы уважать и разрешать их.

Нельзя навязывать человеку жизнь, душа которого в этом не заинтересована.

Никто не имеет права заставлять других людей оставаться на планете Земля против их воли. Помните, что вы не можете умереть, вы вечные сферы света.

Человек, стремящийся покончить с собой: было бы правильно дать ему совет и помочь ему найти решение его проблем, но нельзя заставлять душу оставаться в теле против ее воли, человека нельзя сажать в тюрьму и накачивать наркотиками с

целью «защитить его жизнь», в то время как он страдает морально/физически и не заинтересован в продлении своего пребывания на планете.

Люди, решившие покончить жизнь самоубийством, испытывают чувство разочарования и трудности, связанные с реалиями своей жизни, поэтому они решают завершить свое путешествие и отпустить из своего физического тела данную им душу.

Не осуждайте людей, покончивших жизнь самоубийством, избегайте стыдиться и проявлять неуважение и ним, например - захоронение самоубийц на отдельных участках кладбищ.

Тело желательно сжечь, а не закапывать в могилу, земля предназначена для проживания.

В момент смерти:

Когда сердце прекращает биться, душа покидает тело, оглядывает его и все происходящее, пересекает туннель света и возвращается к Творцу, окутанная настолько огромной любовью, которую вы никогда не испытаете, находясь в физическом теле.

Эту душу не бросают и не наказывают, но ей предоставляется возможность снова сделать выбор и вдохнуть жизнь в новое тело на планете Земля или за ее пределами, и такое бесконечное путешествие будет продолжаться, пока душа не достигнет просветления в материальном теле, засвидетельствует о своей природе и природе Творца, а затем воссоединяется с ним как источник света.

Все, что закончилось - выбрало конец, каждый умерший выбрал смерть!

Перед назначенной датой смерти Творец обязательно должен получить разрешение от каждого человека об окончании периода пребывания души в его теле. Творец всегда спросит человека.

Бывают случаи, когда душа решает покинуть тело, переживает **клиническую смерть или кому,** но по пути «домой» она сожалеет и выбирает вернуться «с того света» назад в физическое тело, это **еще одно доказательство того, что Творец не «забирает» людей, а дает им свободу выбора времени смерти.**

Душа выбирает время Люди создали себе часы и удивляются, почему время в духовном мире не совпадает со временем на Земле?

Во Вселенной нет времени, есть только свет и тьма. Гравитация на планете замедляет движение и время, поэтому есть разница во времени, на «небе» может пройти час, а на земле - год.

Кома

Это состояние, при котором душа не полностью покинула физическое тело, сердце бьется и активизирует системы организма. Душа видит и слышит, что происходит с телом на земле и не чувствует боли. Это состояние, при котором душа еще не решила, вернуться ли ей в материальное тело или покинуть его навсегда, а Творец терпеливо ждет ее решения. В коме душа находится между «небом» и «землей».

Клиническая смерть

Это ситуация, когда душа покинула физическое тело, у человека **нет пульса**, но по пути «домой» она пожалела о своем решении и решила вернуться обратно в физическое тело.

Это доказывает то, что Творец не «забирает» людей, а дает им свободу выбора: снова вдохнуть жизнь в тело или закончить свое пребывание в нем.

Человек, находящийся в коме, не будет чувствовать ни физических ощущений, ни боли, в то время как его душа пребывает вне тела и путешествует между мирами, обозревает свое физическое тело, осознает его состояние и то, что происходит вокруг в материальном мире.

Искусственное дыхание

Человека подключают к аппарату искусственного дыхания из заботы и желания медперсонала продлить ему жизнь.

Но запрещено вмешиваться в человеческую судьбу, мешать Творцу, подключая человека к аппарату искусственной вентиляции легких, особенно если он их об этом не просил.

Следовательно, медицинский персонал и родственники должны выслушать и выполнить просьбу пациента, и, если он отказывается, его просьба должна быть выполнена: нельзя подключать его к аппарату искусственной вентиляции легких.

Если пациент находится без сознания, узнайте, какова была его «воля при жизни», которую он просил выполнить, пока был в сознании, или, в качестве альтернативы, узнайте у экстрасенса, какова воля души пациента.

Если человек не оставил письменный отказ от реанимации и больной не в сознании / не в здравом уме, экстрасенс сможет узнать, каков выбор души человека, но сначала ему придется предоставить достоверную информацию о больном, которая будет подтверждена его знакомыми.

Каждый человек составит свою «волю при жизни» находясь в ясном уме, где он подробно опишет свое последнее желание в отношении искусственного продления жизни, донорстве органов, лечении и просьбе о прекращении жизни.

Если медперсонал и родственники не будут действовать согласно воле пациента, они отменят правило 1- свобода выбора, тогда к ним вернется карма, правило 2 - все возвращается, их здоровью и их свободе выбора будет нанесен вред, так как они причинили вред здоровью и свободе выбора больного.

«Ибо все дела человека возвращаются к нему при жизни его».

Послание Творца ко всем медицинским работникам - врачам, медсестрам: *"Вы, избравшие лечить, но не уважающие человеческую свободу и выбор.*

Вы те, кто обременял ненужными тестами, лекарствами и лечением, чтобы обогатить фармацевтические компании, от которых вы получаете финансовое вознаграждение, поэтому вы действовали лишь из финансовой выгоды, а не из желания вылечить массы.

Вы те, кто на протяжении десятилетий обманным путем вредили людям, вводя в их организм токсины посредством вакцины, все, что имело для вас значение - это ваша зарплата и продвижение по службе, заработок и создание фармацевтической промышленности, отравляющей людей, а никак не реальное исцеление людей.

Вы те, кто не взял на себя личную ответственность за свои действия.

__Вы те, кто участвовал в сокращении населения в рамках международного мошенничества в связи с эпидемией от имени коррумпированных правительств и организаций здравоохранения.__

Глобальная проблема возникла, когда медицина была развращена ради наживы, а врач возомнил себя Богом. А ведь доверие пациентов к врачам было бесспорным.

В преддверии эпохи Водолея мир медицины рухнет, все больницы, медперсонал, из охотников превратятся в жертву. Каждый человек, который разрушил и отнял жизнь у другого - расплатится за это своей жизнью: его жизнь будет разрушена и отнята. Это Божественная Карма".

Эвтаназия

В настоящее время эвтаназия разрешена только для неизлечимо больных пациентов лишь в некоторых странах. Это вовсе не милосердие - убивать людей по их просьбе. Медицинский персонал вовсе не делает никакой «милости» такому больному, а реализует его естественную просьбу не продлевать срок пребывания души в его теле, тем самым давая его душе возможность вернуться к Творцу.

Когда человека лишают права на эвтаназию, срабатывает правило 2 - все возвращается, поэтому эта энергия вернется к людям, отказавшим в выборе неизлечимо больному.

Застрявшие души

Есть случаи, когда душа покидает тело в момент смерти (первая стадия), но отказывается входить в коридор света, который приведет ее обратно в духовный

мир. Такая душа не переходит на вторую стадию «смерти» (из четырех существующих), так как не может смириться с тем фактом, что она «умерла» и вышла из тела, и поэтому эта душа существует как призрак. Поскольку Творец дает душе свободу выбора, то такая запутавшаяся душа застревает между измерениями. Роль духовных людей состоит в том, чтобы помогать и освобождать застрявшие души, выводя их к свету.

Психические проблемы

Разум - это дух, поэтому профессионалы, способные понять источник проблемы и помочь духовно исцелить страдающих от психических проблем, - это те, кто связан с духовным миром: экстрасенсы, ясновидящие и целители. В эпоху Водолея нет психологов и психиатров, которые являются частью прогнившей и коррумпированной системы, травящей пациента психотропными препаратами ради наживы.

Фармацевтические компании

Психолог довольствуется информацией, которую он получает от пациента или его близких, которая может быть ложной и недостоверной. Он не имеет возможности самостоятельно собрать информацию и понять источник проблемы, понять путь души начиная с предыдущих воплощений, ее карму, урок и исправление, которые душа пришла завершить в данном воплощении. В отличие от психолога, экстрасенсы и ясновидящие получают информацию не только от пациента, но и посредством сеансов ясновидения.

Больной может годами врать психологу, сочиняя лживые истории, а тот будет давать ему советы, не зная, что все это вымысел и иллюзии.

У психологов и психиатров нет инструментов для лечения духовных проблем, для них существуют лишь «душевнобольные», которые утверждают, что видят образы или слышат голоса.

И они действительно способны видеть и слышать, потому что существует 10 чувств, а не 5, а проблемы у «душевнобольных» происходят из-за разрывов окружающей их ауры в состоянии психической депрессии. Каждое живое тело окружает 7 аур, функция которых

уравновешивать и энергетически защищать извне. Когда человек переживает трудности и кризисы в своей жизни, в аурах вокруг него могут образоваться трещины.

В результате депрессии в аурах возникают трещины, которые при отсутствии лечения образуют разрывы, куда проникают энергетические паразиты. Как только происходит разрыв ауры, человеку становятся доступны все десять чувств, но он не может контролировать и уравновешивать их. **Все вокруг состоит из энергий, а темнота стремится потреблять энергию**.

Поэтому только у людей, практикующих **дух**овность, есть инструменты чтобы помочь «**душев**нобольным».

Невозможно вылечить психическое (духовное) с помощью лекарств (материи).

Нельзя излечить людей с психическими проблемами только лишь посредством бесед с психологами/психиатрами, а также запрещено употреблять психотропные препараты, которые необратимо нарушают электрические свойства нейронов мозга!

Лекарства не лечат, а приносят временное облегчение! Они просто маскируют проблему, поэтому душевные страдания будут возвращаться снова.

Ученикам нельзя давать «психотропные препараты для концентрации внимания». Эти души пришли с целью устранить прогнившую принудительную систему обучения и полностью изменить подход к нему через адаптацию учебного материала, подходящего для ученика, а не наоборот!

Глава 4-
Умереть невозможно

Невозможно умереть. Смерть - это «промежуточная станция» в бесконечном путешествии души по оси света. Каждый человек имеет право одолжить душу, с ее помощью вдохнуть жизнь в физическое тело во Вселенной, право завершить путешествие души в теле и вернуться в исходное состояние в виде сферы света.

Четыре стадии смерти

Шаг первый: Выход из тела

* Душа решает отделиться от тела, в которое она вдохнула жизнь, а также от эго, которое она получила для выживания.

* Душа оглядывает тело, в котором она жила и начинает понимать, что переживает «смерть». Обычно она испытывает чувство смятения, пока не поймет, что она отделена от материального тела.

* Душа вопрошается Творцом «уверена ли она в своем выборе», т. е. хочет ли она вернуться в физическое тело, из которого вышла, или готова расстаться с ним.

 Если душа решит вернуться назад в тело, которое покинула, она будет втянута в него обратно и это, как правило, будет сопутствоваться физической болью.

Шаг второй: Туннель Света

Душа входит в туннель света, где она почувствует Вселенскую любовь.

У ворот туннеля света ее будут ждать ее родственники, друзья или любой другой персонаж, которого она выберет, в зависимости от веры и убеждений, собранных душой в прошлых воплощениях.

И тогда душа при отсутствии эго судит себя сама:

- Если вы верите, что вас будут ждать умершие родственники и знакомые, то так и произойдет.
- Если вы верите, что встретите Творца или духовного/религиозного деятеля, который придет приветствовать вас - то именно они и будут ждать вас.
- Если вы считаете, что поступили неправильно, ваша совесть нечиста, и что вы заслуживаете «наказания» и страданий - вас ждет «Ад».
- Если вы считаете, что сделали много хорошего - вы окажетесь в «Раю».
- Если вы ни во что не верите - вы окажетесь в пустоте.

Шаг третий: Правосудие Души

Когда душа достигает «Небесных Врат», она судит себя сама: «Что ты сделала во время своего пребывания в материальном теле на земле? Чем ты помогла и какой вклад внесла в отношении себя и окружающих? Какое образование и идеи ты приобрела? Какую кармическую коррекцию судьбы завершила, чего достигла?»

Творец/Бог – это энергия частоты любви, поэтому нет «гнева божьего», это выражение берет свое начало в античных верованиях, где основной целью являлось запугать и контролировать людей.

После смерти души не Творец судит ее, а сама душа судит себя, без эго и без эмоций!

Шаг четвертый: Единение с Творцом

На этом этапе душа решает для себя, возвысилась ли она или пала духовно, учитывая третий этап смерти, т. е. завершила ли она свой кармический урок в физическом теле?

- Если душа еще не закончила свой урок - она вернется назад и продолжит перевоплощаться в иерархии материального мира (как пепел, растение, животное, человек/человеческое существо) согласно ее духовному уровню.
- Если душа завершила свой урок - то она возвысится в иерархии духовного мира и сможет выбрать, двигаться ли вперед как Сущность-ангел или Ангел, в соответствии с ее духовным уровнем.
- Отсюда душа вернется в хранилище душ, где их количество во Вселенной постоянно, а сам человек в виде сферы света вернется к своему источнику.

Рай и Ад

Эти места не существуют в реальности, а лишь субъективно, и отображаются для каждой души по-разному. Некоторые люди, пережившие «внетелесный опыт», клиническую смерть или кому, когда их душа на какое-то время покинула тело, а затем решила вернуться в него, по-разному описывают свое путешествие «после смерти», так как они присутствовали в той субъективной реальности, которую сами создали и выбрали для себя.

- Когда душа достигнет Рая - она окажется там, где хочет оказаться в своем воображении. Обычно это место, изобилующее светом и красотой природы.
- Когда душа достигнет Ада - она испытает то, что выбрала испытать, скорей всего, она окажется в темном месте, где можно уединиться для размышлений о своих поступках и ошибках недавних воплощений.

Как когда учитель ставит ребенка в угол, чтобы он обдумал свои действия.

Есть случаи, когда душа испытала душевные страдания или физическую боль от «сожжения на костре». Душа не имеет тела и поэтому не может чувствовать физическую боль.

Пребывание души в Аду временно. Как только душа поймет, что она завершила свой урок и больше не заслуживает страданий, она вернется на третью ступень и снова будет судить себя.

Нет «хорошего» или «плохого» - все относительно. Все всегда во благо и избрано душой в целях познания и преображения души в духовном мире.

Сатана - повелитель Тьмы, и призван предоставить всем душам выбор.

Если бы существовал лишь Свет, людям не был бы предоставлен выбор, по крайней мере один из двух. Вот почему все формы жизни должны уважаться!

Вся вселенная существует во тьме, где освещают локальные точки света, так существуют тьма и свет, ночь и день.

Похороны

Первоначально вы являетесь сферами света, которые не могут умереть. Ничто не принадлежит вам, и даже ваша душа, которая заимствована у Творца для исправления ошибок.

Физическая смерть - это «промежуточная станция» в вашем бесконечном путешествии. Вы дух, которому суждено засвидетельствовать о своей природе и природе Творца. Для того, чтобы ходить по земле, вы должны каждый раз вдыхать жизнь в физическое тело с помощью заимствованной у Творца души. В момент смерти душа покидает материальное тело, в котором обитала, и возвращается в хранилище душ, а вы снова становитесь сферами света.

При переходе из одного воплощения в другое Душа собирает и сохраняет: переживания, воспоминания, жизненные уроки и ошибки, которые она должна исправить.

В момент рождения, когда в тело младенца вселяется душа, вся информация, собранная душой до этого момента, стирается из памяти и сохраняется в подсознании, чтобы не причинить вред человеку и дать ему возможность начать все с «чистого листа» в каждом новом воплощении, цель которого - завершить урок и исправить ошибки души.

Во время смерти

Душа покидает тело материи, в которое она вдыхала жизнь, и отправляется назад к Творцу. На земле остается лишь безжизненное физическое тело.

Каждая душа бесконечна, а любая материя временна.

Душа сама выбирает время вхождения в тело и время выхода из него.

Творец никогда не «забирает жизнь», **потому что единственное, что принадлежит человеку - это свобода его выбора, Творцу нельзя вмешиваться в личный выбор человека**.

Почему люди празднуют момент рождения и оплакивают момент смерти? Ведь каждое рождение - это медленная смерть живого тела, поэтому должны отмечаться обе даты, как дата рождения, так и дата смерти: начало пути и его конец.

Мы вступаем в эпоху Водолея, самую духовную эпоху в Астрологии, поэтому в наступающую эпоху основные занятия и профессии будут связаны с воздухом: авиация, космос, духовность, мистика, исследования, продление жизни, беседы и исследования смерти, общение с умершими и встречи с инопланетянами.

Ожидается спрос на профессии, связанные с темой смерти и подготовке к ней. Как сегодня существуют инструкторы подготовки к родам, так будут востребованы и **инструкторы подготовки к смерти**, которые профессионально подготовят человека к моменту смерти, когда душа покинет его тело.

Эти инструкторы должны быть медиумами, иметь способности ясновидения (без вспомогательных средств), а также обладать умением направлять энергию на исцеление.

Важно чтобы была «подготовка к смерти» с сопровождением **инструктора поддержки**, который объяснит, успокоит и подготовит человека к моменту смерти, тем самым предотвратив случаи «застрявших душ» (призраков) между измерениями. Сегодня существуют единичные клиники, которые поддерживают и помогают неизлечимо больным людям завершить свой земной путь по их выбору. Страх смерти должен быть рассеян надлежащим объяснением, так как смерть - это часть естественного бесконечного процесса жизни, часть всего сотворенного во Вселенной, так как всякое сотворение сопровождается бесконечным циклом исчезновений.

Для того чтобы душа вошла в тело младенца при рождении, другая душа должна покинуть другое тело во Вселенной. Каждый момент рождения для одного - это момент смерти для другого.

Виды захоронений

Есть разные способы захоронения тела: погребение в земле (могиле), в стене или кремация.

«Ибо прах ты и в прах возвратишься» (Книга Бытие 3,19)

Ибо из праха ты рожден: каждое существо рождается из пепла и пыли в огромной и бесконечной Вселенной.

И к праху вернешься: в процессе кремации получается прах, который можно хранить в сосуде или развеять на природе, тем самым замкнется круг жизни. При погребении от тела остался костный скелет, а не прах.

На Востоке/В Азии: принято кремировать тело.

Это правильное решение - оптимизировать сушу для жизни, так как планета была в основном заполнена водой, лишь немногочисленные земли были отданы для проживания людей и сельского хозяйства, а не для сохранения тел умерших.

Кремация тела - необходима и правильна:

- Процедура, в ходе которой остается прах, который можно сохранить или развеять на природе.
- Не требует затрат земельных участков, необходимых живым, а не мертвым.
- Самый экономичный и непривилегированный способ для любого мужчины, женщины или животного, абсолютно независимый, не требующий разрешений и издержек коррумпированных религиозных структур.
- Нет необходимости каждый период «навещать могилу», проводить обряды и трапезы, ибо это идолопоклонство: *«Не создавай себе кумира»*.

На Западе/ в остальном мире:

Захоронение на кладбищах или в стене с надгробием, это не правильное решение! Это пустая трата ценной земли для проживания.

Захоронение и установка надгробия является идолопоклонством

Покупка участка земли или стены для захоронения связана с денежными затратами. Иногда место на кладбище навязывают человеку управляющие похоронным бизнесом по причине: нехватки места, религиозной принадлежности и иерархии, льгот, причины смерти/самоубийства и других отговорок.

Эта индустрия смерти создает для них денежный капитал под покровительством религии.

Покупка памятника также связана со значительными финансовыми затратами, и его цена зависит от типа камня, украшений, дополнений, цветов и гравировки.

Место захоронения. С момента установки надгробия могила официально становится местом семейных встреч, требующих регулярного посещения раз в период, что может привести к конфликту и разрыву с теми, кто отказывается посещать могилу:

- Посещение могилы по истечении 30 дней, в конце года и ежегодно.
- Каждое посещение могилы является настоящим «семейным событием», которое включает в себя: приглашение родственников, оплакивания и молитвы с «квалифицированным священнослужителем» или без него за плату, чистка памятника, приношение цветов, цветочных горшков, еды и питья.
- Это явление также относится и к могилам «праведников», но камни не являются «священными».

Материя никогда не будет священной, лишь душа священна.

Хоронить в могиле или стене неправильно: «Не сотвори себе кумира».

Посещения могилы нарушает покой души усопшего.

Глава 5-

Десять чувств и линии судьбы

Десять чувств

У каждого человека есть десять чувств:

Пять земных чувств и пять сверхъестественных чувств.

Все чувства передаются центральному чувству интуиции.

Пять земных чувств активируются физическим телом:

1. Зрение 2. Слух 3. Обоняние

4. Осязание 5. Чувство вкуса

Пять сверхъестественных чувств, активируются интуицией:

1. Сверхчувствительное зрение. 2. Сверхчувствительный слух.

3. Сверхчувствительное обоняние 4. Сверхчувствительное осязание

5. Сверхчувствительный вкус

Все десять вышеперечисленных чувств посылают информацию центральному чувству интуиции. Каждый человек может усилить свои природные способности интуиции с помощью экстрасенсорики, но вышеперечисленное требует практики и отсутствия страха.

Линии Судьбы

Каждая душа перед вхождением в живое тело (при рождении) выбирает для себя заранее заданную главную линию судьбы и второстепенные линии судьбы, которые пересекаются с главной.

Главная линия судьбы определяет саму судьбу, урок и исправление, которое <u>избрала душа</u> в настоящем воплощении.

Второстепенные линии судьбы <u>дают человеку свободу выбора</u> из нескольких вариантов. Эти второстепенные линии динамичны и постоянно меняются, учитывая реальные потребности и изменения, связанные с выбором человека, поэтому предсказание будущего верно на тот момент, когда оно было предсказано.

«Все известно и полномочия даны», обычно то, что ожидается - произойдет, но по-разному, так как у человека есть свободный выбор для достижения цели.

«Все известно и полномочия даны»

Все, что душа выбрала в качестве главной линии судьбы - произойдет (все известно),

а человеку даны полномочия выбирать для себя второстепенные линии судьбы из нескольких вариантов (полномочия даны).

Создатель никогда не будет препятствовать свободе выбора человека, даже если речь идет о самоубийстве или лишения жизни другого человека (убийстве) - но человек-убийца производит круговую карму, которая вернется к нему при жизни или в последующих воплощениях.

Основная линия судьбы похожа на главную скоростную магистраль.

Второстепенные линии судьбы сравнимы с альтернативными междугородними трассами, которые огибают главную магистраль, они могут ответвляться, пересекать, отдаляться, но в итоге - снова примыкают к главной линии судьбы.

Представьте на секунду, что вы за рулем автомобиля и едете по скоростному шоссе к заранее известному пункту назначения. Вы выбрали маршрут поездки и время отправления, но в дороге по какой-то причине вы решили сократить путь и поехали другой дорогой. Возможно, вы опоздаете или приедете раньше, но в конце концов, вы доберетесь до места назначения.

Основная линия судьбы = все известно = пункт назначения не меняется.

Второстепенные линии судьбы = полномочия даны = только маршрут и время прибытия в пункт назначения варьируются в зависимости от выбора человека.

Прежде чем душа выберет тело, в которое захочет вдохнуть жизнь, **она решит**:

- В каком теле будет обитать, каков будет ее пол и внешний вид.
- Где и когда она родится, в какой стране, городе, семье.
- Каким будет ее здоровье, финансовое положение и образование при жизни.
- Как долго душа будет пребывать в теле, дату рождения и смерти.
- Свое назначение, урок и исправление, которые она должна совершить в теле, чтобы засвидетельствовать свою природу и природу Творца.

Жестокая судьба

Творец всегда будет давать человеку то, что ему необходимо, а не то, что он хочет, чтобы преподать урок и привести его к своей цели.

Иногда люди чувствуют, что судьба была к ним жестока, что они не достигли в жизни того, чего планировали. Вы можете понять трудности и разочарование, которые они испытывают, а также сочувствие и сопереживание окружающих по отношению к ним, но это неправильно отождествлять себя с ними! Потому что это путь, который выбрала их душа на земле, а лучшее обучение - это жизненный опыт.

Душа выбирает «страдания» в живом теле из необходимости исправиться, чтобы подняться духовно в каждом воплощении.

Существуют различные учреждения, предприятия и организации, созданные людьми с такой «жестокой судьбой» или лишениями, которые они испытали в своей жизни, такие как: тяжелое детство, нищета, потеря близкого человека или чего-то ценного в их жизни - и все для того, чтобы они боролись и побеждали. «Изобилие тормозит, недостаток мотивирует... человека».

Нет никаких совпадений! Все предначертано небесами для вашего высшего блага, у всего в жизни есть причина, нет зла и нет страдания. Все к лучшему.

В одной комнате могут находиться два человека, смотрящие в окно на один и тот же вид, один будет наслаждается, а другой злиться. Люди могут пробовать одно и то же блюдо, смотреть на одну и ту же картину, сидеть на одном диване и при этом каждый человек будет иметь отличное от другого мнение.

Вы можете быть бедным и счастливым или богатым и страдающим. Различие между людьми заключается: в характере и точке зрения, озарениях, опыте и жизненной мудрости, собранных из прошлых воплощений и из нынешней жизни.

Болезнь в молодом возрасте

Не раз мы сталкиваемся со случаями тяжелых болезней детей и подростков, не понимая, почему они обречены страдать в столь юном возрасте. Дети и подростки, не согрешившие и не совершившие преступлений - это несправедливо, почему в мире нет справедливости?

Случайностей не бывает и все послано свыше на благо каждой души с целью поучения и исправления, чтобы подняться духовно.

Прежде чем вдохнуть жизнь в тело материи, душа при отсутствии эго выбирает для себя жизненный путь, главную и второстепенные линии судьбы.

Душа может выбрать страдать от болезни в молодом возрасте в теле материи; эти страдания предназначены для того, чтобы преподать душе урок и исправить ошибки из ее предыдущей жизни, на благо ее последующих воплощений и **все для того, чтобы оценить святость ценности жизни.**

Причина смерти в юном возрасте

Невозможно умереть, вся материя временна, а душа вечна. У детей и подростков с тяжелыми болезнями есть кармический долг. Их души раньше не ценили жизнь и причиняли вред другим в своих предыдущих воплощениях, поэтому их жизнь не будет продлена в нынешнем воплощении.

Болезнь в пожилом возрасте

Чаще всего болезни являются следствием ошибочных жизненных представлений, собранных человеком, выросшим как жертва, в страхе, разочарованиях, неуверенности и страхе перед своим прошлым. Человек может перенять такой образ жизни, включая жесткость, насилие, застенчивость, заикание, страх, вспышки гнева, нетерпимость, неуважение, недоверие, ревность, ненависть на грани саморазрушения.

«Все человеческие действия возвращаются к нему при жизни» Вся вселенная управляется круговоротом энергии. Каждое утверждение, мысль или действие - это энергия, производимая человеком, посылаемая во вселенную и возвращающаяся назад к человеку. Отрицательные энергии также имеют круговой характер и возвращаются, чтобы навредить человеку.

Физическое исцеление болезни требует прежде всего исцеления человеческой души:

- **Душевное исцеление** - осуществляется активацией Десяти Чувств, с помощью Сущностей-Лекарей и самоисцелением. Желательно включить в процесс диагностики духовного человека/экстрасенса/целителя, который проведет диагностику источника душевной проблемы и ее влияния на организм.

- **Исцеление тела** - Как только источник психической проблемы пациента обнаружен, его тело можно лечить с помощью природной медицины, частотной медицины, частотного оборудования и инопланетных технологий исцеления. Без вмешательства врачей и медсестер.

Если передовые технологии сегодня настолько развиты, то почему во всем мире постоянно растет количество больных, больниц и недугов?

Медицинская промышленность подверглась ненадлежащей коммерциализации: агитаторы используются в качестве лоббистов фармацевтических компаний и убеждают врачей выписывать своим пациентам лекарства именно их компании в обмен на льготы и финансирование.

Регрессия прошлой жизни

При рождении, когда душа входит в тело младенца и вдыхает в него жизнь, память о путешествиях души сохраняется в подсознании - вся информация и знания прошлых воплощений. Сознание человека вытесняет из памяти все, что связанно с предыдущими воплощениями, чтобы тот не сошел с ума, а также чтобы позволить человеку при каждом рождении начинать все с чистого листа в новом теле.

- Когда люди не любят, боятся или сторонятся чего-то в своей жизни - это признак того, что их подсознание помнит подобную встречу из прошлых воплощений, оставившую в их душе травму, страх и разочарование, которые необходимо очистить и исцелить.

Невозможно стереть события из прошлого, но можно встретиться с ними лицом к лицу.

- По такому же принципу, когда люди чувствуют притяжение и влечение и интерес к другим людям, профессиям, местам и т. д. - это признак того, что их подсознание помнит подобную встречу из прошлых воплощений.

Не рекомендуется выполнять регрессию в прошлые жизни

Это опасная процедура, при которой человек с помощью «профессионалов», гипноза, управляемого воображения и других техник, может проникнуть в клубок своих воспоминаний о прошлых жизнях или реинкарнациях, чтобы обнаружить и устранить в них кармические барьеры.

Неправильная процедура регрессии прошлой жизни может принести больше вреда, чем пользы!

Если человек, находящийся под гипнозом/ управляемым воображением, видит себя в прошлых воплощениях раненым, убивающим и лишающим кого-либо жизни, оскорбляющим, причиняющим страдания другим, или же другие причиняют ему страдания и т. д., то эта процедура неуместна, так как она может нарушить душевное равновесие человека и привести к душевным травмам, фобиям и страхам.

Рекомендуемое действие:

Обратитесь к опытному медиуму/целителю, который с помощью ясновидения и сверхчувственного видения может выяснить для человека все подробности его предыдущих жизненных воплощений и предоставить ему всю информацию, не устрашая и не пугая его.

«То, что скрыто от тебя в подсознании - не трогай». Это и есть замысел – для того, чтобы вы не помнили своих прошлых воплощений, сохраняли здравомыслие и имели возможность выбирать.

Открытие чакр

Некоторые люди обращаются к мистикам с целью «открытия своих чакр», эта процедура может быть опасной, так как выполняется без контроля того, кто просит «открыть его чакры». **Открытие чакр неестественным и неконтролируемым образом может активировать сразу все десять чувств**, и человек вдруг сможет: слышать голоса, чувствовать запахи, видеть цвета, образы, умерших, существ, инопланетян и т. д.

У обычного человека не хватит знаний, чтобы уменьшить и закрыть чакры и убрать вышеперечисленные эффекты. Чакры, которые открылись - не смогут быть закрыты другими людьми, а лишь самостоятельно.

Чакры представляют собой своего рода источник сильных энергетических колец, которые закрываются и открываются под контролем человека посредством медитации и воображения.

Чтобы закрыть чакры, нужно представить, что они сжимаются, уменьшаются и закрываются, эта процедура требует большой подготовки, спокойствия и терпения.

Сон

Во время сна душа выходит из тела, в котором она пребывает, и на мгновение соединяется с Творцом, при этом она соединена «тонкой серебряной нитью» с пуповиной человека. Душа временно покидает тело с целью освобождения, передышки и отдыха, получения сообщений для себя или для человека.

Прежде чем человек пробудится ото сна, к нему постепенно возвращается душа, поэтому:

Не тревожьте и не пугайте людей во сне. Это может расстроить его душу. Спящий, проснувшийся от испуга, почувствует физическую дрожь в теле, что является признаком того, что душа внезапно вернулась в тело.

Мигрень

Мигрень = Это состояние ясновидения и получения информации от Творца.

Это явление больше затрагивает женщин, чем мужчин, потому что женщины -инопланетянки с естественными способностями к ясновидению, они способны совершать ряд действий одновременно - как инопланетяне, как компьютер, а также открыты для новых идей, инноваций, общения, поэтому все больше и больше женщин занимаются духовными практиками.

Человеческое тело служит каналом для передачи сообщений и информации, получаемой через макушку головы (коронная чакра), затем направляется к третьему глазу (точку между бровями) и оттуда проецируется в виски и лобную зону.

Вот почему у мигрени нет физического объяснения, так как ее причина - духовная.

Во время мигрени вы чувствуете боль и импульсы, которые усиливаются, пока не пройдут.

Лекарства не лечат мигрень, а временно притупляют боль.

Женщины, страдающие мигренью, обладают естественными способностями к ясновидению, и желательно, чтобы они начали высвобождать свой энергетический груз, застрявший в коронной чакре, следующим образом:

Энергия должна высвобождаться до, во время и после мигрени при письме, аудиозаписи, пении, разговоре, творчестве, расслабляющих упражнениях, йоге, медитациях и т. п.

Сначала будут всплывать странные и невнятные слова и мысли, которые со временем превратятся в непрерывную передачу информации и сообщения от Творца, при этом приступы мигрени будут уменьшаться, пока вовсе не исчезнут.

Духовный наставник

У каждого живого существа на земле есть один или несколько духовных сопровождающих - это духовный наставник. Каждая душа, обитающая в живом теле, требует сопровождения со стороны Творца для обучения, поэтому невозможно по-настоящему быть одному на земле.

Душа движется в своем путешествии по иерархии духовного мира:

Сначала как прах/пепел - животное - растение - человек - иная форма жизни во вселенной (инопланетная) - просветление в живом теле - сущность света, и так до воссоединения с Творцом в виде света.

Духовные наставники чередуются между собой раз в определенный период/несколько лет.

Чаще всего, при смене духовных наставников человек будет испытывать тревогу, одиночество, депрессию.

Духовным наставником может быть: какой-либо образ воплощений из прошлого, сопровождающий человека, либо историческая личность из прошлого, или же личность, не имеющая с человеком никакого предварительного знакомства.

Духовный наставник воздерживается от появления перед человеком, которого он сопровождает, так как это может напрасно напугать его.

Если человек желает, он может попросить встречи со своим духовным наставником во сне, во время медитации или управляемого воображения.

Глава 6:

Ауры и Чакры

Ауры

Каждое живое тело окутывают ауры:

7 аур вне тела для защиты и балансировки человека снаружи.

7 чакр внутри тела для защиты и балансировки человека изнутри.

<u>Аура</u> = электроэнергетическое поле, которое охватывает все живое. Каждое такое поле имеет различную длину волн, интенсивность и частоту вибрации, которые можно измерить.

Каждое энергетическое поле напрямую зависит от душевного, эмоционального, физического, ментального и духовного состояния каждого живого существа. Все это влияет на ясность, целостность, объем, форму и цвет ауры. Цвета ауры указывают на личность, характер, модель поведения, реакцию, осведомленность и многое другое.

Фотографии ауры

Фотографировать ауру нет смысла, так как она часто меняется в зависимости от настроения человека. Сегодня ореолы можно сфотографировать с помощью электронных систем, работающих по принципу биологической обратной связи и психологической теории цвета. Эти устройства способны передавать изображения живых тел, через пот, пульс и температуру тела получать от них данные, затем эта энергия обрабатывается, транслируется и передается на электронный экран, на котором отображаются слои ауры, включая их цвет и виды:

Порядок расположения аур

1. **Физическая аура** - Первая аура, расположенная ближе всего к телу.

2. **Эфирная аура** - расположена второй.

3. **Эмоциональная аура** - занимает третье место.

4. **Ментальная/Душевная аура** - находится на четвертом месте.

5. **Аура Выживания/Интуиции** - на пятом месте.

6. **Духовная/Кармическая аура** - расположена шестой.

7. **Божественная аура** - расположена седьмой и последней.

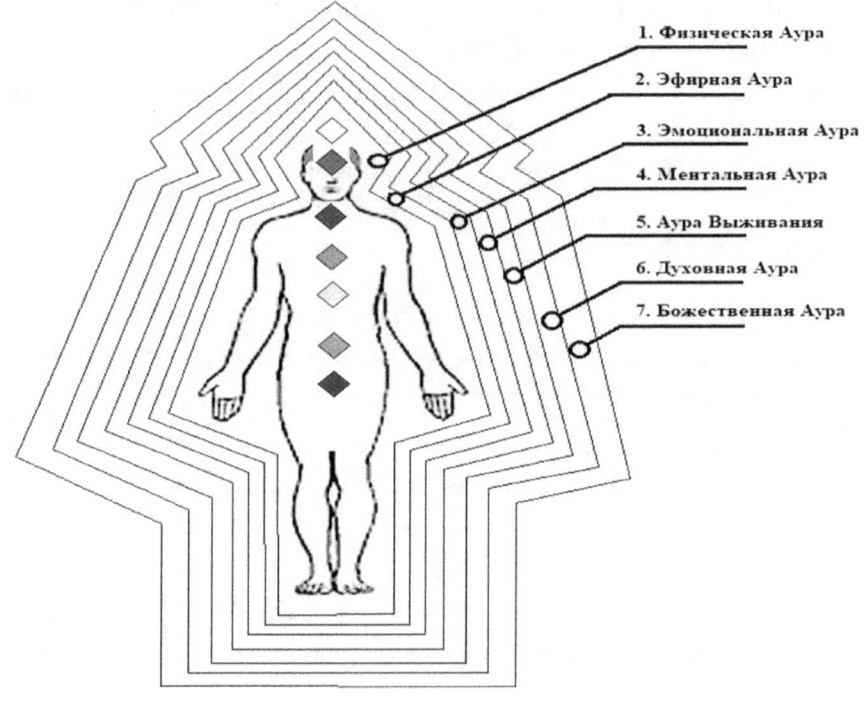

1. Физическая Аура
2. Эфирная Аура
3. Эмоциональная Аура
4. Ментальная Аура
5. Аура Выживания
6. Духовная Аура
7. Божественная Аура

Цвета ауры

Фиолетовый: высокие духовные способности, независимость, мудрость, эмоции, лидерство.

Синий: бодрость, духовное просветление, ясновидение, интуиция, безмятежность, чувствительность.

Голубой: честность, лояльность, чувствительность, уязвимость, забота о других, дружба.

Зеленый: отдача, любовь, спокойствие, безмятежность, исцеление и хорошее и сбалансированное здоровье.

Желтый: мудрость, образование, обучение, творчество, уверенность, юмор, осведомленность.

Красный: энергия и бодрость, любовь, страсть, сексуальность, творчество и уверенность в себе.

Оранжевый: сексуальность, радость, энергия, творчество, ревность и собственничество.

Розовый: спокойствие, любовь, баловство, чувствительность, забота о целом, красота и артистизм.

Коричневый: стабильность, общение, забота об окружающей среде, неравнодушие и дружелюбие.

Серебряный: исцеление, щедрость, духовность, доброта, плодородие, дела и творчество.

Золотой: исцеление, энергия, вдохновение, знания, дарование и духовное просвещение.

Серый: боль в теле, указывающая на душевную блокировку.

Белый: энергетический баланс, крепкое здоровье, чистота, просветление, бескорыстная любовь. Белый цвет содержит в себе все цвета, как в случае прохождение луча света через призму.

Черный: болезнь, страх, дисбаланс и беспокойство. Черный цвет содержит в себе все цвета и подразумевает испуганного человека, нуждающегося в защите и помощи.

Черный цвет по краям ауры: указывает на дыры, трещины или разрывы ауры, образовавшиеся в результате кризиса, борьбы, болезней и т. д.

Разрывы в Ауре

Когда человек переживает кризис, стресс, страх и тревогу, сначала в его Ауре возникают трещины, а после длительного отсутствия защиты или энергетической терапии, Ауры начинают разрываться, и тогда человек чувствует себя подавленным.

Чакры

Чакра - означает окружность, вращающийся обруч. Чакры есть в каждом живом теле. Существует разделение на семь основных энергетических центров, расположенных по центральной оси позвоночника: от макушки до его нижней части - копчика.

Среди семи энергетических центров есть множество вторичных энергетических точек, известных в китайской медицине и используемых для акупунктуры.

Все семь цветов чакр: красный, оранжевый, желтый, зеленый, синий, фиолетовый и белый, сходятся как призма - к белому и чистому цвету души.

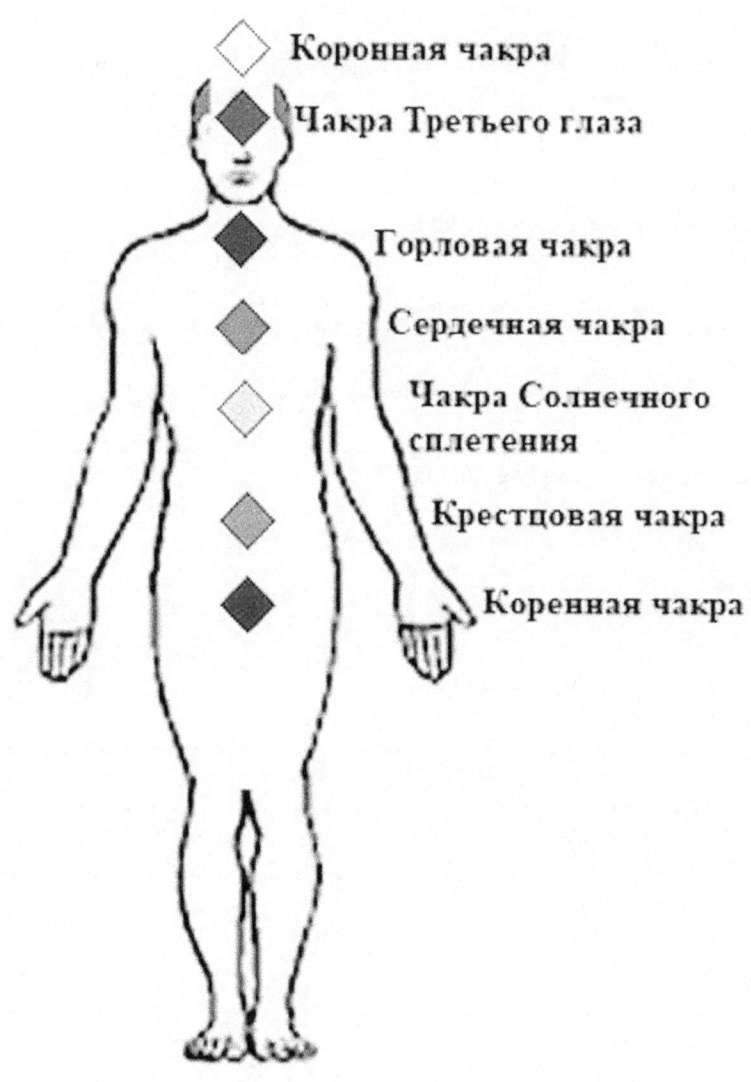

1. Коренная Чакра (нижняя чакра)

Цвет красный, расположена в области копчика.

Значение: Выживание. **Ее блокирует**: Страх.

Ответственная за: Инстинкт самосохранения, является источником вдохновения, хранит в себе убеждения и основные желания человека, отвечает за стабильность в жизни, за сохранение здоровья, повседневное и экономическое выживание.

Контролирует в теле: почки, надпочечники, нижний отдел позвоночника, ноги, суставы, проблемы с кишечником/питанием, геморрой.

Признаки сбалансированной чакры:

Человек реалистичен, счастлив, спокоен, справляется с поставленными задачами, достигает цели.

Признаки заблокированной чакры:

Страх, стресс, беспокойство, упрямство, борьба, склонность к насилию.

Звук открытия чакры: Л А М (L A M)

Кристаллы для балансировки чакры:

Черный турмалин, кварц, гранат, яшма.

2. Крестцовая Чакра/ Чакра секса и творчества

Цвет оранжевый, расположена в малом тазу.

(на 3 пальца ниже пупка)

Значение: удовольствие. Ее блокирует: чувство вины.

Ответственная за: Секс, созидание, межличностные отношения, размножение, мужество, страх, желание и страсть.

Контролирует в теле: Сексуальность, селезенку, почки, мочевой пузырь и нижнюю часть спины.

Признаки сбалансированной чакры:

Человек чувствует себя любимым, испытывает страсть, сексуальное влечение, удовлетворение и выполнение в целом, мужество и творчество.

Признаки заблокированной чакры:

Беспокойство и отсутствие концентрации.

Звук открытия чакры: В А М (V A M)

Кристаллы для балансировки чакры:

Сердолик, агат, гематит, кунцит

3. Чакра солнечного сплетения

Цвет желтый, расположена над пупком в области диафрагмы.

Значение: желание. **Ее блокирует**: стыд.

Ответственная за: Внутреннюю силу человека, за чувства, страхи, желания, смелость и такие эмоции, как: любовь, ненависть, гнев и ревность. Первая область в теле, которая реагирует на испуг.

Контролирует в теле: Печень, поджелудочную железу, селезенку, желчный пузырь, нервную систему, психосоматические проблемы.

Признаки сбалансированной чакры:

Существует баланс между мыслями, желаниями и эмоциями, достижения и принятие существующего, способность преодолевать трудности (преимущественно эмоциональные), довольствие и удовлетворенность.

Признаки заблокированной чакры:

Неудовлетворенность, гнев, печаль, разочарование, гордость, перепады настроения и депрессия.

Звук открытия чакры: Р А М (R A M)

Кристаллы для балансировки чакры:

Огненный агат, топаз, желтый цитрин, опал, желтый янтарь.

4. Сердечная Чакра

Цвет зеленый, расположена в центре грудной клетки над сердцем.

Значение: любовь. **Ее блокирует**: ненависть, зависть.

Это центральная чакра тела, которая отделяет три верхние чакры от трех нижних чакр. Когда центральная чакра уравновешена, все остальные чакры уравновешиваются сами!

Ответственная за: Всеобщую любовь, бескорыстную любовь, милосердие, сострадание и прощение.

Контролирует в теле: Кровоток, диабет, капилляры/варикозное расширение вен, астма, дыхание, легкие, вилочковая железа, иммунная и лимфатическая системы.

Признаки сбалансированной чакры:

Спокойствие, любовь, терпимость, принятие прошлого, принятие другого человека.

Признаки заблокированной чакры:

Гнев, разочарование, перепады настроения, раздражительность, упрямство и неудовлетворенность.

Звук открытия чакры: Й А М (Y A M)

Кристаллы для балансировки чакры:

Розовый кварц, туринский камень, малахит, изумруд.

5. Горловая Чакра

Цвет синий, располагается у основания горла.

Значение: правда. **Ее блокирует**: ложь.

Ответственная за: Общение человека с самим собой и с окружающими его людьми.

Контролирует в теле: Щитовидную железу, горло, шею и голосовые связки.

Признаки сбалансированной чакры:

Хорошие конструктивные способности, визуальная коммуникация, воображение, умение анализировать ситуации, чувство юмора, успокоение и расслабление.

Признаки заблокированной чакры:

Страх, сплетни, отсутствие общения, неумение выразить свои мысли, заикание, хрипота, критика, осуждение, ранимость, цинизм, боль в горле, проблемы со щитовидной железой, синусами и шеей.

Звук открытия чакры: А А М (Н А М)

Кристаллы для балансировки чакры:

Бирюза, лазурит, азурит, аквамарин.

6. Чакра Третьего Глаза

Цвет фиолетовый, располагается в центре лба между бровями.

Значение: сознание, рассудок. **Ее блокирует**: критика.

Ответственная за: Ясное зрение, интуиция, озарения, способность

представлять и реализовывать мысли, способность развить Десять чувств.

Контролирует в теле: Глаза, уши, виски, сон и способность заснуть.

Признаки сбалансированной чакры:

Острое зрение, хорошая интуиция, способность представлять и

реализовывать свои мысли, эмпатия ко всему окружающему,

коммуникабельность и способность к предсказаниям.

Признаки заблокированной чакры:

Нарушения зрения/слуха, головные боли и боль в ушах, бессонница,

ночные кошмары, ошибочные представления, спутанность сознания,

разочарование.

Звук открытия чакры: О М (О М)

Кристаллы для балансировки чакры:

Флюорит, фиолетовый турмалин, кервель.

7. Коронная Чакра

Цвет белый, располагается на макушке головы.

Значение: смирение и приношение/благотворение. **Ее блокирует**: эго.

Белый цвет, преломляясь через призму, разлагается на все остальные цвета чакр.

онтролирует в теле: Шишковидную железу, верхнюю часть ствола мозга, правую часть лба.

Признаки сбалансированной чакры:

Способность создавать и реализовывать мысли и желания, высокие коммуникативные способности и осведомленность, сочувствие к окружающим.

Признаки заблокированной чакры:

Психические проблемы, проблемы с концентрацией внимания, депрессия, отчужденность от окружающей среды, безразличие, поверхностное понимание, плохая интуиция и неспособность к общению.

Звук открытия чакры: С У - А А М (S U-H A M)

Кристаллы для балансировки чакры:

Белый кристалл, алмаз, танзанит, опал, аметист.

Глава 7:

Дополнительные темы

Сертификат на родительство

Произвести на свет детей - это не судьба человека, а необходимость выживания для человечества. Сегодня по закону свободы человека каждому позволяют рожать сколько угодно детей без предварительной проверки: способен ли человек быть мудрым родителем, принимающим правильные решения, которые могут спасти жизнь его детей, способен ли он обогатить их знаниями, научить нравственности, спокойствию, терпению и конструктивному мышлению с целью сформировать их личности для следующих поколений так же, как это требуется в других сферах жизни:

Для управления транспортным средством - человек должен успешно пройти обучение и подготовку у инструктора по вождению, сдать теоретический экзамен на правила дорожного движения, затем экзамен по вождению с экзаменатором, а в качестве нового водителя, в течение нескольких месяцев находиться под наблюдением и с сопровождением опытного водителя, только после этого человек сможет самостоятельно водить машину.

Для работы по специальности - человек должен успешно пройти длительную учебу, сдать экзамены, готовить домашние задания и рефераты, а для получения диплома пройти несколько лет стажировки, после которой ему будет выдан сертификат. Только тогда человек сможет работать по специальности.

Для строительства - нужно обратиться к подходящим специалистам, подготовить план строительства и нужные справки, заплатить налоги, дождаться разрешения на строительство и только тогда можно будет начать строить.

А для того, чтобы произвести на свет детей не нужно - 1. Проверять уровень образования 2. Проверять родителя(ей), не страдают ли они психическими расстройствами 3. Есть ли у человека материальный достаток, для того чтобы содержать себя и своих потомков, и многое другое. Все, что требуется от человека чтобы стать законным родителем - это просто заняться сексом (без каких-либо ограничений по возрасту или т. п.)

Таким образом по всему миру, в большинстве своем рождались поколение за поколением:

- малообразованных граждан, живущих лишь на социальном обеспечении и являющихся экономическим и социальным бременем.

- мошенников или насильников, которые живут в мире преступности и правонарушений.

Большинство таких граждан росли без родителей, которые бы направляли, учили и воспитывали их, прививали уважение к другим и терпение. Они же научились лишь «выживать» в этой жизни.

У ребенка, которому в детстве причинили вред, который не получил защиты, любви, образования и родительского воспитания, высока вероятность того, что он обратит свою злость на окружающих или же на самого себя, что приведет к его саморазрушению.

Так же, как один человек может сжечь целый лес, так же и один некомпетентный родитель способен разрушить будущее своих детей и сделать их насильниками, преступниками, убийцами, мошенниками, необразованными, недобросовестными, неуважительными и нетерпимыми к другим людям. Есть общая цель для всех граждан мира, стремящихся к одному и тому же: комфортному уровню жизни, прогрессу, защите и наслаждению.

Нет необходимости в многочисленных государствах, границах и правительствах. Вышеперечисленное не требуется и лишь нарушает нормальную жизнь, создает экономические трудности, повышает стоимость жизни, ведет к коррупции в правительстве, созданию границ и разделению между странами, сегрегации и дискриминации населения, народов и странам, неравному распределение глобальных богатств, которые достаются коррупционерам – правительствам, контролирующим граждан, и верхушке элиты.

Правительства запугивают своих граждан, внушая им страх смерти и все это - для того, чтобы контролировать их. Огромный капитал тратится на мошенничество, называемое «внутренней и внешней безопасностью» с целью контроля и слежки за гражданами. Правительства внушают гражданам страх смерти, в то время как на самом деле умереть по-настоящему невозможно, потому что люди - это бесконечные сферы света.

Это высокое понимание проникает на планету, постепенно воздействуя на человечество по мере того, как приближается эра Водолея, которая официально начнется в 2106 году (читайте в моей книге «Эпоха Водолея»).

Создатель намеренно укрепляет власть коррумпированных правительств, давая им власть для жестокого обращения с гражданами, тем самым разоблачая их что в итоге приведет к сближению и объединению граждан мира через глобальные социальные сети: Граждане мира сплотятся, объединятся и с помощью гражданских революций добьются отмены всех правительств и автократии, включая отмену границ. Все это - для того, чтобы восстановить власть граждан и вступить в эру Водолея, которая и определяет, что именно произойдет на планете Земля.

В эпоху Водолея каждый гражданин сможет передвигаться, работать и жить где захочет, без ограничений, не будет границ между странами. Дома будут расформированы в сообщества после глобального мошенничества и Холокоста, сфабрикованного для сокращения населения руками правительств, организаций здравоохранения, богачей-сатанистов, центральных СМИ и других алчных коррупционеров. Миллионы заплатят своими жизнями за это медицинское мошенничество и своей смертью вызовут гражданскую ярость, которая приведет к гражданскому перевороту и восстановит власть граждан, приведет к созданию новых органов общественного образования, здравоохранения и множества других общественных организаций. С тех пор, как врач возомнил себя «Богом», Творец намеренно подводит массы людей мира к гражданской ярости, чтобы разрушить и упразднить мир медицины, врачей и медсестер, медицинские учреждения и больницы, организации здравоохранения, правительства и множество других коррупционеров, которые убивали невинных людей и не уважали свободу и достоинство человека. Ничего бы не произошло, если бы Творец не спровоцировал этот медицинский обман, остановивший все, чтобы очистить мир от коррумпированных правительств, диктатуры и авторитарной власти. Мы расстаемся с эпохой Рыб и приближаемся к эпохе Водолея, несущую правду, справедливость и власть массам.

Реабилитация заключенных

Большинство систем правосудия в мире коррумпированы из-за жадности, включая законы, придуманные и написанные людьми, потому что большинство систем правосудия - прогнившие. Это ошибка - сажать заключенных в тюрьмы подальше от глаз, за стены и заборы, чтобы они не сбежали и отдали свой «долг» обществу. Когда общество осознает, что большинство заключенных - это настоящие жертвы, которые с юного возраста находятся в своей «собственной тюрьме», не имея возможности исцелиться и изменить модель своего поведения. Пребывание в тюрьме превращает их в ранимые, взрывоопасные и вредоносные орудия насилия, а большинство из них - в преступников. Большинство заключенных выросли в неблагоприятной среде, с родителями, не имеющими права таковыми называться, они росли в трущобах, где процветала преступность, в нищете, при полном отсутствии образования, обучения и воспитания.

Таким образом, окружающая среда отрицательно сказалась на заключенных, полностью лишив их совести или надежды на исправление. Не следует забывать, что таким заключенным разрешается производить на свет столько детей, сколько им захочется, тем самым создавая поколение за поколением, разрушающие общество и создающие экономическое бремя.

Деревни для перевоспитания

Эти заключенные нуждаются в реабилитационной программе (по выбору сообщества), чтобы возместить ущерб, нанесенный им родителями, не имеющими надлежащих навыков воспитания, так как эти заключенные являются жертвами.

Им предложат пройти реабилитационную программу в деревнях для перевоспитания, где сначала от них потребуют извинений перед человеком или семьей, которым они причинили вред, а затем они должны будут возместить ущерб своими добрыми делами в течение длительного периода времени, так как нахождение в тюрьме призвано наказать заключенного и лишить его свободы, а на практике пребывание в тюрьме не приносит пользы ни заключенному, ни потерпевшему, а лишь существенно обременяет налогоплательщиков:

создание и содержание тюремной промышленности, опека, надзиратели, рабочая сила, продукты питания и одежда, а также содержание правоохранительной системы, судей, адвокатов и сотрудников полиции.

Драгоценное время, которое тратится не на реабилитацию заключенных и возвращение их в общество, а на обслуживание и финансирование существующих исправительных учреждений.

В целях реабилитации осужденных их необходимо перевести в реабилитационные поселения, расположенные на открытых природных территориях, где они будут проходить обучение, инструктаж, получат знания, в том числе завершат обучение и получат документы об образовании, таким образом бывшие осужденные смогут полноценно вернуться в общество и работать, а информация об их прошлом останется конфиденциальной.

Сначала бывшие заключенные будут интегрированы на оплачиваемые общественные работы, а после смогут зарабатывать на жизнь в качестве наемных работников или самозанятых при поддержке и под надзором сообщества.

Тревожные данные о тюрьмах в США:

- Общее количество заключенных в мире составляет около 9 миллионов человек. Самый большой показатель - в США: около 3 миллионов заключенных, за США следуют Россия и Китай.
- С 1980-х годов количество заключенных в США увеличилось в три раза после приватизации тюрем частными организациями.
- Более 6 миллионов американцев находятся под наблюдением.
- Один из 50 американцев находится в тюрьме или на испытательном сроке.

- В США граждане афроамериканского происхождения составляют лишь около 15% от общей численности населения, но в тюрьмах они составляют около половины всех заключенных.
- В США белых мужчин сажают в тюрьмы примерно 700 человек на 100 000 мужчин, а афроамериканцев - примерно 4 500 человек на 100 000 мужчин.

Приватизация тюрем в США

Как случилось так, что на Земле Свободы заключили в тюрьмы больше людей, чем в любой другой стране?

В 1980-х годах в Соединенных Штатах начался процесс приватизации тюрем. Процесс, в ходе которого ряд коррумпированных корпораций были избраны вместо коррумпированного правительства для управления частными тюрьмами, в целях «сэкономить огромные суммы» для государства.

Чтобы эти корпорации приносили прибыль, правительство США заключило следующую гнусную сделку: каждая тюрьма должна быть заполнена на 90% в течение, как минимум, следующих 20 лет, пока не будет продлен следующий контракт, поэтому необходимо постоянно заполнять тюрьмы при содействии коррумпированной судебной системы, выдуманных обвинений с продлением срока тюремного заключения, которые не реабилитируют заключенных, так как от этого нет никакой прибыли.

Тюрьмы не должны находиться в частных руках, это авторитарная сила, которая со временем всегда коррумпируется. **Это успешная формула создания бесконечной коррупционной индустрии.**

Тюрьмы никогда не были бы заполнены миллионами заключенных, если бы у каждого родителя была «родительская лицензия», а инвестиции в образование давались им бесплатно с детства, без унижения, неравенства и расизма.

Огромное количество заключенных свидетельствует о несостоятельности правительства, поэтому к приближающейся эпохе Водолея все правительства рухнут в пользу создания сообществ и восстановления власти граждан.

Смертная казнь

«Все человеческие деяния возвращаются к нему», поэтому человек, лишивший жизни другого - заплатит своей жизнью, ему будет предложено несколько способов ухода из жизни на выбор.

Это относится к любому случаю, повлекшему за собой смерть: насилие, убийство, профессиональная или медицинская халатность, дорожно-транспортное происшествие. Как только человек поймет, что смертная казнь ожидает любого лишившего жизни (не включая смерть по просьбе жертвы), тогда человек будет действовать более осторожно и ответственно, из соображений взаимной гарантии.

Угроза смертной казни заставит каждого человека беречь жизнь другого и свою жизнь.

Самое главное - не забрать у человека свободу, посадив его в тюрьму, а лишить его жизни через смертную казнь.

Каждому человеку, лишившему жизни, будет предложена свобода выбора из ряда вариантов смертной казни.

Таким образом, у его души будет еще один шанс на новую жизнь в следующем воплощении.

Гражданские революции

Это единственная сила граждан - отстаивать свои права, проводить демонстрации перед огромными силовыми структурами и коррумпированными правительствами. **Власть - в массах, а не в руках капиталистов и правительственных чиновников.**

Поэтому правительства каждые сто лет уменьшают численность населения запланированной чумой, созданной коррумпированными учеными, правительства заинтересованы в уменьшении численности населения, так как оно угрожает их выживанию.

Именно количество определяет, миллионы граждан должны принимать решения, а не малочисленное количество правительственных должностных лиц по всему миру, большинство из которых были избраны путем фальсификации выборов. Правительства боятся силы гражданских масс, они знают, что настоящая война идет не за пределами страны, а внутри нее, поэтому «внутренняя безопасность» была придумана для того, чтобы не допустить разрушения правительственных структур гражданами, именно по этой причине были приняты законы для подавления «бунта» или «гражданского неповиновения», нарушающие права человека.

Люди не могут бесконечно подвергаться преследованиям и насилию. Мы приближаемся к эпохе Водолея, где все человеческие действия возвращаются к нему при жизни. Невозможно убить массу протестующих на демонстрациях, а также массы мирных жителей на маршах. Помните, что вы бесконечные сферы света, поэтому вы не можете реально умереть. Каждая душа, которая покидает тело может выбрать себе новое тело в следующем воплощении и снова вернуться на планету Земля или на другие звезды и вселенные.

В Китае, государстве с самым большим населением в мире, живут самые трусливые граждане. Легко управлять роботизированными азиатами. Правительство Китая «трясется» от страха осознавая реальное количество своих граждан, которые с легкостью могут восстать и свергнуть его, поэтому запуганные люди сотрудничают с режимом и участвуют в афере, замаскированной под «благое дело для народа», и цель этой аферы - «поддержание порядка» силами инспекторов, полиции и шпионов. То же самое происходит и в Северной Корее - так как дисциплинированных и законопослушных азиатов легко контролировать.

Поэтому к началу эры Водолея, Китай, в большинстве своем, будет затоплен и скроется в морских водах как наказание Творца за весь ущерб, причиненный Китаем миру с целью править им.

Падение Империй

Мы находимся в начале эры Водолея, которая официально начнется в 2106 году. Поэтому Творец остановит течение жизни для того, чтобы очистить мир от правительств, коррумпированных людей, дьяволопоклонников, педофилов, сатанинских пришельцев, находящихся в тоннелях под землей, и любого человека, не уважающего человеческую свободу, а также любого человека, лишившего жизни другого и не уважавшего жизнь, данную Творцом. Символ эпохи Водолея - женщина/мужчина, держащая кувшин с водой и льющая ее на мир, очищающая его от грязи и человеческого зла. Эра Водолея, которая начнется в 2019 году и по замыслу Творца принесет на планету новое понимание и изменение глобального мышления с помощью трех явных признаков эпохи, перечисленных в книге «Эпоха Водолея»:

1. Раскрытие шокирующей правды об общественных деятелях и искаженной истории.

2. Немедленное свершение правосудия путем заключения коррупционеров и предателей, а также их приговоров к смертной казни.

3. Восстановление власти граждан вследствие издевательских действий правительств по отношению к людям, что приведет к гражданскому сплочению и глобальному объединению.

И все это задумано с целью упразднения всех правительств и любой авторитарной власти, чтобы вступить в эру Водолея, которая официально начнется в 2106 году.

На планете будет построен новый порядок, где коррумпированные правительства будут сокрушены в пользу создания сообществ, общественных школ и клиник под руководством женщин и под эгидой мира во всем мире, который начнется на Ближнем Востоке и распространится по всему миру с 2025 года, в мире без границ между странами. Всем гражданам мира будет позволено жить и работать там, где они пожелают, без виз, как это было тысячи лет назад.

Любой человек, причинивший вред другому, будет наказан в соответствии с решением членов сообщества.

Творец превратит планету в Рай на Земле еще до наступления эпохи Водолея. Духовность, любовь и забота о ближнем будут усиливаться и расцветать, статус мужчин также понизится, как и количество мужчин, а статус женщин повысится, что приведет к состраданию и всеобщей любви. Подробней читайте в книге «Эпоха Водолея».

Дети новой эпохи

После глобальных разрушений Второй мировой войны, чтобы продвинуть, восстановить и предотвратить само вымирание человечества, Творец решает ввести модернизированные души, которые будут продвигать человечество на планете, это дети, рожденные с 1945 года. Если мы добавим 20 лет к 1945 году, мы получим 1965 год, это те дети-цветы, наполненные музыкой и любовью к природе под девизом «Занимайтесь любовью, а не войной» и выступающих за мир во всем мире.

Души детей новой эпохи делятся на две группы: **Дети Индиго**, пришедшие с целью продвижения человечества, чтобы сократить технологический разрыв с нашими инопланетными создателями для будущих встреч с ними в наступающей эпохе Водолея.

И **Дети-Кристаллы**, которые пришли, чтобы принести сострадание и мир, демонтировать и построить новые системы общественного образования с помощью родителей и граждан, внедрить информацию о практических изменениях, исцелении и объединении граждан мира.

После разрушений, причиненных человеком в Первую мировую войну, Творец решил создать хаос, чтобы постепенно ввести новый порядок в мире для уничтожения коррупционеров и все во благо граждан, так как «начало любого созидания начинается с хаоса».

Семьи богатых хазар-сионистов, которые не являются евреями, инициировали и финансировали диктаторов и армии, развязавшие Первую и Вторую мировые войны, с целью уменьшения численности населения и гражданских масс, которые угрожают их выживанию, в то время как все участники были выбраны Творцом заранее, от Гитлера, Муссолини, Сталина до всех участников, включая жертв.

Помните, что вы не можете умереть, все души бессмертны.

Для того, чтобы начать новую эру на планете, необходимо создать глобальный хаос посредством войн и огромного количества жертв, тем самым выводя из игры устаревшие души и вводя вместо них обновленные, соответствующие новой частоте времени.

Дети индиго

Роль этих детей = совершенствование существующего и технический прогресс.

У этих детей высокие души, которые часто берут свое происхождение от пришельцев из галактики и далеких планет, чтобы модернизировать и продвигать новое в технологическом и умственном плане, а также улучшить качество жизни всего человечества.

Дети индиго пришли из далеких галактик, они воплощения инопланетян.

Это изобретатели, гении, с блестящим аналитическим умом и с передовыми технологическими знаниями с других планет, они разработчики высокотехнологичного, инженерного, научного, аэрокосмического, художественного и передового инопланетного технологического оборудования для быстрого исцеления, частотной медицины и частотного оборудования для исцеления по методу Теслы.

Благодаря этим душам, будущее технологий будет стремительнее и совершеннее, это поможет сократить разрыв между жителями планеты Земля и нашими инопланетными создателями в рамках подготовки к будущим встречам человечества с ними в наступающей эпохе Водолея. Детей Индиго считают «ботаниками» или немного уединенными, потому что они часто не находят общего языка с окружающей средой, и это в рамках исправления в качестве пришельцев из далеких галактик, которые пришли, чтобы узнать в этой жизни о мире эмоций.

Дети-Кристаллы

Роль этих детей = озарения и практические изменения, исцеление и объединение.

Со дня сотворения человека на Земле и до сегодняшнего дня, опираясь на свое эго и власть, человек движется по пути разрушения окружающей среды, уничтожения природных ресурсов, дыр в озоновом слое и глобального потепления. Чтобы не дойти до точки невозврата, Творец решил, что пора исправлять людей, поэтому послал на планету высокие и чистые души, которые будут совершать революции. Эти дети - новые и юные души с отсутствием большого опыта пребывания в физическом теле.

Поэтому они любопытны, упрямы, чувствительны и очень сострадательны к окружающей среде, людям, животным и природе, они нетерпеливы и смело выражают свои мысли, стремятся к экспериментам, исследованиям, познанию, открытиям, они восстают против устаревшего чтобы изменить мир. Миндалевидные глаза и проницательный взгляд, очень одухотворенный и чуткий к окружающему. Они предприимчивы, не склонны к насилию, но просят, чтобы их выслушали, иначе, огорчившись, могут бурно выразить свой гнев.

Желательно поставить перед ними сложные умственные и спортивные задачи, чтобы они не свернули на деструктивные пути.

Дети-Кристаллы пришли на планету для того, чтобы воссоединить человека с природой, освободить животных, а человека - от эгоизма и погони за богатством, привнести в мир духовность и бескорыстную помощь другим, защитить и улучшить существующее, упразднить все религии и все правительства на планете ради мира во всем мире с женским лидерством и состраданием.

Души кристальных детей называют «дети с проблемами концентрации внимания», как кристалл - прозрачен и ничего не скрывает, так и они - настоящие, честные и ничего не утаивают.

Кристалл преломляет свет на все цвета радуги, как призма.

Эти дети пришли на планету, чтобы отменить диктаторские коммунистические государственные системы образования:

- Переход от уроков в классе к занятиям на природе, вне закрытых классов. Запрещено экзаменовать людей, каждый экзамен работает по принципу «Разделяй и властвуй» между успешными и неудачными, поэтому нет места для сертификатов и степеней, разделяющих людей.

- Более практическое и менее теоретическое обучение, обучение в домах сообществ, где каждый взрослый (если он не педофил) может быть использован в качестве временного учителя, каждый дом должен использоваться в качестве временной школы. Знания находятся в сообществе, а не у учителей, принадлежащих к правительственной коммунистической инфраструктуре под чутким надзором инспекторов.

Послесловие

Надеюсь, вы получили удовольствие от прочитанного. Помните - не верить даже этой книге, а исследовать и создавать свою собственную истину. Примите выводы этой книги как дополнительное мнение, потому что никогда не будет лишь одной правды, позволяющей вам сделать выбор.

Жизненный круг не имеет ни начала, ни конца.

Ничто не может быть убито, все циклично и бесконечно.

Поэтому невозможно умереть, вы бесконечны и выбираете двигаться по кругу между состояниями накопления, между Духом души и жизнью в материальном теле. Вы Дух, воплощенный во временном теле материи, чтобы засвидетельствовать о своей природе и тем самым засвидетельствовать о природе Бога.

Добро пожаловать на сайт www.Gali4u.com

- Прочтите дополнительные книги на сайте *www.e-vrit.co.il* или на сайте Amazon на иврите, английском и русском языках
- Книга вторая - «Будущее», книга третья - «Эпоха Водолея».
- Для заказа телефонной консультации на иврите или английском языке: *www.Gali4u.com*
- Слушайте мое частотное пение на YouTube канале: *Gali Lucy*

www.ingramcontent.com/pod-product-compliance
Lightning Source LLC
Chambersburg PA
CBHW071154120626
46546CB00006B/2261